AF549683

Haftungsausschluss:

Die Ratschläge im Buch sind sorgfältig erwogen und geprüft. Alle Angaben in diesem Buch erfolgen ohne jegliche Gewährleistung oder Garantie seitens des Autors und des Verlags. Die Umsetzung erfolgt ausdrücklich auf eigenes Risiko. Eine Haftung des Autors bzw. des Verlags und seiner Beauftragten für Personen-, Sach- und Vermögensschäden oder sonstige Schäden, die durch die Nutzung oder Nichtnutzung der Informationen bzw. durch die Nutzung fehlerhafter und/oder unvollständiger Informationen verursacht wurden, ist ausgeschlossen. Verlag und Autor übernehmen keine Haftung für die Aktualität, Richtigkeit und Vollständigkeit der Inhalte und ebenso nicht für Druckfehler. Es kann keine juristische Verantwortung und keine Haftung in irgendeiner Form für fehlerhafte Angaben und daraus entstehende Folgen vom Verlag bzw. Autor übernommen werden.

Sollte diese Publikation Links auf Webseiten Dritter enthalten, so übernehmen wir für deren Inhalte keine Haftung, da wir uns diese nicht zu eigen machen, sondern lediglich auf deren Stand zum Zeitpunkt der Erstveröffentlichung verweisen.

Bibliografische Informationen der Deutschen Nationalbibliothek

Die Deutsche Nationalbibliothek verzeichnet diese Publikation in der Deutschen Nationalbibliografie; detaillierte bibliografische Daten sind im Internet über http://dnb.dnb.de abrufbar.

1. Auflage 2024

Projektmanagement: Melanie Krauß
Lektorat und Korrektorat: Stefanie Aust, Markus Czeslik, Luise Hartung
Umschlaggestaltung: Christopher Rodenkirchen
Satz und Layout: Christopher Rodenkirchen
Illustrationen und Grafiken: Verena Klöpper

ISBN Print: 978-1-960004-62-8
ISBN E-Book: 978-1-960004-63-5

www.remote-verlag.de

DIE STIMME ALS KARRIERE-TURBO

Entdecke die Macht deiner Stimme für deinen beruflichen Erfolg

www.remote-verlag.de

Für Manuel und Bonfire,
meine beiden Stützen in jeder Lebenslage.

Vocal Impact (ˈvoʊkəl ˈɪmpækt)*: Substantiv, maskulin*
Eindruck der von Sprache ausgehenden Wirkung
Herkunft: englisch
vocal = stimmlich
Impact = Wirkung, Wucht

Inhaltsverzeichnis

Der Autor spricht mit seiner Ansprache jedes Geschlecht sowie diverse Personen an. Das generische Maskulinum wurde ausschließlich für eine bessere Lesbarkeit des Sprachflusses gewählt.

Vorwort von Freddy Kremer

Was sind die Kern-Multiplikatoren für die Überwindung persönlicher Grenzen? Was brauchen wir, um außergewöhnliche Erfolge zu erzielen? Sicher ist: Wer in unserer heutigen, schnelllebigen und lauten Welt schweigt, der wird nichts davon erreichen. Es gilt, sich Gehör zu verschaffen – heute mehr denn je, Tendenz steigend. Wer seine persönlichen Potenziale voll ausschöpfen will, der kommt an der Entwicklung seiner Stimme nicht vorbei, ganz gleich, auf welcher Stufe der Karriereleiter er steht. Doch genau dieser Schritt stellt für viele eine Riesenhürde dar.

Ich erfahre das regelmäßig im Rahmen meiner Trainingsprogramme, wenn ich den Teilnehmenden die Gelegenheit gebe, sich in der Gruppe kurz vorzustellen. Dabei sollte, vor allem im B2B, unsere Visitenkarte eben nicht nur auf Papier gedruckt, sondern auch hörbar sein.

Helge Sidow hat erkannt, dass das Fundament dieser Hürde in unserem Unterbewusstsein liegt. Es wurde oftmals zementiert durch allerlei Glaubenssätze, die uns im Laufe unseres Lebens eingepflanzt wurden. Genau dorthin lenkt er den Blick seiner Leserschaft: um aufzuklären und vor allem aufzulösen. Und so schafft er die Grundlage für ein neues Stimmbewusstsein, jenen Zustand, in dem wir uns eben nicht mehr durch all die Stimmen von außen ablenken und verunsichern lassen, in dem wir jedoch anfangen, unserer eigenen Stimme zu vertrauen. Denn ab diesem Moment verändern wir nicht nur unseren Klang, sondern auch unsere Botschaft.

Ich lernte Helge Sidow in einer Zeit kennen, in der er einen großen persönlichen Wandel erfuhr. Ich erinnere mich noch sehr gut an den Tag, als er mir mitteilte, er werde genau dieses Buch schreiben, das Sie nun in den Händen halten.

Darum bitte ich Sie auch, dieses Buch bewusst zu lesen – vielleicht sogar mehrfach. Schenken Sie Helges Botschaft Gehör. Ich würde mich freuen, wenn er auch bei Ihnen den Anstoß zu einem großen persönlichen Wandel geben kann.

Ich wünsche Ihnen viel Spaß bei der Lektüre und viel Erfolg bei der Umsetzung.

Alles Gute,
Ihr Freddy Kremer

Freddy Kremer, Autor des Bestsellers »Reich durch Beziehungen« sowie »Fit for Success«, Rennfahrer, Unternehmer und Experte für messbare Führungskräfteentwicklung.

Einleitung

Unsere Stimme ist unser Geburtsrecht ... mindestens! Wer sprechen kann, kam reich beschenkt auf die Welt, so lautet die weitverbreitete Meinung. All jene, denen wir gern lauschen, hatten einfach Glück. Die restlichen 95 Prozent schauen demzufolge in die Röhre und müssen gucken, wie sie ohne Erfolg klarkommen.

Echt jetzt? Bei allem, was ich in meinem Leben bislang über die Natur und natürliche Prozesse mitbekommen habe, machte es für mich stets den Eindruck, als habe irgendeine höhere Macht in großen Buchstaben »Nachhaltigkeit« darübergeschrieben. Natürlich gibt es auch innerhalb ein und derselben Spezies immer mal kleine bauliche Unterschiede, aber im Großen und Ganzen kommt mir das Konzept recht schlüssig und eben nachhaltig vor. Was für einen Sinn ergibt es dann, das Werkzeug zur Kommunikation – namentlich die menschliche Stimme – derart ungerecht zu verteilen? Folge mir einige Jahrzehnte zurück ...

Ich bin jemand, dem die Leute schon früh nachsagten, er hätte eine tolle Stimme. Und tatsächlich besagt die Legende über die Stunde meiner Geburt das Folgende: Es war ein kalter Morgen im Januar 1976. Im Kreißsaal des Städtischen Klinikums Pforzheim erblickte ich das Licht der Welt. Die Hebamme durchtrennte die Nabelschnur, wickelte mich in saubere Tücher und legte mich meiner Mutter freudestrahlend mit den Worten »Es ist ein Junge!« in die Arme. Das Antlitz der Frau erblickend, die mich gerade geboren hatte, begrüßte ich sie sogleich in wohlklingendem Bariton: »Hallo, Mutter ...«

Okay ... ganz so war es natürlich nicht, weder bei mir noch bei irgendwem auf dieser Welt. Wir alle, du, ich und alle anderen, starteten ungefähr mit denselben Voraussetzungen ins Leben. Als Geschenk gab es ein Instrument, das einzigartigste, wandlungsfähigste, interessanteste Instrument, das wir uns hätten wünschen können: unsere Stimme. Blöderweise kam sie ohne Gebrauchsanleitung.

Doch stört das zunächst niemanden, denn es gibt ja so viel anderes zu entdecken. Eine ganze Welt voller Möglichkeiten wartet – was sollen wir uns da mit uns selbst beschäftigen? Und tatsächlich ist das zumindest im deutschen Sprachraum die vorherrschende Meinung: Um unsere Stimme kümmern wir uns frühestens, wenn wir alles andere schon haben. Lediglich ein paar besondere Exemplare nehmen ihr Instrument wie ich schon früher in Angriff. Ich habe bereits mit vier Jahren Lesen gelernt, im Kindergarten den Altersgenossen vorgelesen und Spaß daran gefunden. Meine älteren Brüder inspirierten mich dazu, schon bald die Kinderbücher beiseitezulegen und mich an Jugendliteratur zu versuchen. Und schließlich habe ich im Gymnasium genießen gelernt, dass mir andere gern zuhörten, wenn ich vorlas.

Und jetzt kommst du um die Ecke und sagst mir: Ich hatte halt Glück. In einer Hinsicht hatte ich tatsächlich Glück, denn ich wurde in eine Familie hineingeboren, in der Bücher alltäglicher Gebrauchsgegenstand waren und der Fernseher meist nur Dekozwecke erfüllte. Diese Umgebung hat mich seit meiner frühesten Kindheit dazu ermutigt, zu lesen und zu kommunizieren. Der Fernseher übte freilich dennoch eine starke Anziehungskraft auf mich aus, zumindest ab dem Moment, in dem ich bei Freunden daheim das exakte Gegenteil meiner Familie erlebte. Da waren die Eltern entweder froh, dass der Nachwuchs still vor der Kiste saß, oder sie waren ohnehin den ganzen Tag außer Haus bei der Arbeit. Was blieb da schon anderes übrig, als sich alternative Beschäftigungen zu suchen?

Mein Vater war Lehrer für die Fächer Kunst, Werken und Technik. Da hatte er zwar auch seine Stundenpläne und verbrachte unter der Woche mehr Zeit in der Schule als daheim. Er erfüllte das Klischee des stetigen Lehrers jedoch vollständig, da er andauernd darauf bedacht war, zu lehren, auch in seiner Freizeit. Er fand immer etwas, das er uns Kindern beibringen wollte.

Meine Mutter war in den ersten Jahren ständig daheim und sorgte im und am Haus sowie bei uns drei Kindern für Ordnung. Erst als ich etwa 12 Jahre alt war und meine Brüder durch Volljährigkeit und Studium dem elterlichen Haushalt den Rücken kehrten, wagte sie den Schritt zurück in den Beruf. Ich bin der Überzeugung, es waren diese ersten Jahre, die mich wesentlich in der Entwicklung meiner Kommunikation geprägt haben. Als Kind wäre ich wahrscheinlich anderer Meinung gewesen. Wie gern hätte ich daheim auch einfach mal meine Ruhe gehabt. Im Rückblick aber empfinde ich das als großes Glück und bin meinen beiden Eltern sehr dankbar.

Falls du nun den Eindruck gewinnst, ich sei in einer Art perfekter Familie aufgewachsen, dann muss ich dich enttäuschen: Es war alles andere als perfekt. Denn wo fünf und zeitweise gar sechs Personen (meine Oma wohnte eine Weile mit im Haus) unter einem Dach leben, da menschelt es kräftig. Auseinandersetzungen sind vorprogrammiert. Nicht nur musste ich mich als Kleiner immer wieder gegen meine beiden älteren Brüder durchsetzen. Hinzu kam, wie könnte es anders sein, auch die »Schwiegermutter-im-Haus-Problematik« – ein Kampf, den zwar vorrangig meine Eltern ausfochten, der aber natürlich auch uns Kinder betraf. Insgesamt keine leichte Konstellation. Doch ich lernte viel, auch, gute Miene zu »bösem Spiel« zu machen. Die Mantren meiner Kindheit waren nämlich: »Sprich draußen aber nicht darüber«, »Was sollen denn die andern denken?« und »Lass mal, wird schon wieder«.

Meine Eltern setzten viel daran, nach außen stets das Gesicht der perfekten Familie zu wahren.

Warum erzähle ich dir all das? Weil Geschichte wichtig ist, vor allem die persönliche. Alles, was wir erleben, prägt uns. Manches wirkt sich direkt auf unsere Kommunikation aus, anderes zahlt auf unsere Persönlichkeit ein, die schlussendlich aber wiederum auf unsere Kommunikation einwirkt. Die weiter oben erwähnte Gebrauchsanweisung für Stimme und Kommunikation bleibt uns das Leben dennoch schuldig. Wir wachsen da halt rein, und jeder von uns erwirbt mit der Zeit sein ganz eigenes Päckchen an Erfahrungen und Skills. Nur vergessen wir das stets, sobald wir auf jemanden treffen, der anders ist und den wir als lauter, strahlender und erfolgreicher wahrnehmen. Dann beschleicht uns das ungute Gefühl des Neides, wir machen Ungerechtigkeit aus und nennen es Glück. Dabei beruht jede Entwicklung nur auf äußeren Einflüssen. Die Ausgangssituation ist dieselbe.

Was ist nun die frohe Botschaft für dich? Da deine Entwicklung in Sachen Kommunikation äußeren Einflüssen geschuldet ist, heißt das im Umkehrschluss: Du kannst alles lernen.

Wenn es aber nun doch so leicht wäre, warum tust du es dann nicht? Die eigentliche Herausforderung besteht darin, den Startpunkt auszumachen. Wo fängst du an? Ebenso wenig wie eine Gebrauchsanleitung verfügst du nämlich über die sprichwörtliche Hilfe-Hotline für Stimme und Kommunikation. Es gibt zwar eine Menge Wissen auf der Welt, aber die reine Verfügbarkeit von Wissen war in den letzten Jahrzehnten ohnehin nie das Problem. Und sie wird es in Zukunft angesichts der stetig voranschreitenden digitalen Entwicklung auch nie wieder sein. Nein, das Problem ist, das zur Verfügung stehende Wissen zu filtern, um es nutzen zu können. Die Hürde besteht darin, es Schritt für Schritt aufzugliedern und in einzelne, leicht umsetzbare Happen zu gliedern. Genau das war über lange Zeit auch meine Herausforderung. Angesichts meiner Jahrzehnte währenden Erfahrungen als Sprecher riefen mich immer wieder Kunden an, die von mir lernen wollten. Sie alle waren der festen Überzeugung, ich müsse doch ein wandelndes Lexikon der Sprechkunst sein. Und wahrscheinlich hatten sie mit ihrer Vermutung sogar recht. Dennoch ließ ich mich meist nur widerwillig auf Workshops und Co. ein, vertrat ich doch lange selbst die Auffassung, eine (meine) tolle Stimme sei Glück. Was also sollte ich all den Lernwilligen schon beibringen können?

Es war ein weiteres Mal mein Vater, der mir, wenn diesmal auch posthum, eine Lehre erteilte. Vor einigen Jahren brachte mich eine Mischung aus eigenem Erleben und gewissen Reifungsprozessen dazu, mich noch stärker als früher selbst zu reflektieren. So hinterfragte ich nicht nur die Umstände meines Lebens an sich, sondern ganz besonders jene glückliche Fügung, der ich meine Stimme und daraus resultierend meinen Lebensunterhalt als Sprecher zu verdanken hatte. Zu dem Schluss kommend, dass das noch nicht alles gewesen sein konnte, suchte ich mehr Austausch, buchte Coachings und fand Mentoren. Durch eine ganze Fülle veränderter und neuer Perspektiven lernte ich von ihnen. Doch eines blieben sie mir schuldig: Was hatte ich all jenen voraus, die mir tagein, tagaus eine besondere Gabe in Sachen Sprache bescheinigten?

Nun stand ich also ein paar Jahre nach dem Tod meines Vaters an seinem Grab und führte einen inneren Dialog. Ich stellte mir vor, was er wohl zu seiner Ruhestätte gesagt hätte. Voll des Lobes wäre er gewesen, da war ich mir sicher. In seinem liebevoll gepflegten Garten rund ums eigene Haus hatte es zu seinen besten Zeiten keinerlei Unkraut gegeben. Kein Hälmchen wuchs, das nicht an genau dieser Stelle wachsen sollte.

Und genau so zeigte sich auch sein Grab: sauber, gepflegt und offenbar auf tollem Boden angelegt, der die pflanzliche Entwicklung förderte. »Feinkrümelig muss er sein, der Boden. Und locker. Dann hast du kein Problem mit Unkräutern. Und was wachsen soll, gedeiht auch.« So ungefähr hatte er es immer ausgedrückt, wenn er viele Jahre zuvor während einer seiner Gartenlehrstunden versucht hatte, mir die Freude am Gärtnern näherzubringen. Ohne Erfolg, muss ich hier gestehen. Doch einige seiner Sätze blieben hängen.

Und dann sah ich sie. Eine Pflanze wuchs vielleicht eine Hand breit oberhalb seiner Grabplatte. Ihr Name ist mir nicht bekannt und ich weiß auch nicht, ob sie dort wachsen sollte. Für mich gehörte sie jedoch dorthin, zumal sie von einer wunderbaren Blüte gekrönt wurde. Sie passte ins Bild, also durfte sie selbstverständlich weiter erstrahlen. Im feinkrümeligen Boden hatte sie die richtigen Voraussetzungen vorgefunden, um wachsen zu können. Sie hatte sich vom Samen zu einer gesunden Pflanze mit Strahlkraft entwickelt.

War das Glück? Bestimmt nicht. Da hatte jemand den Boden bearbeitet und eine Umgebung geschaffen, in der Wachstum möglich war. Und ich begriff ...

Lass mich dir anhand dieses Bildes dein eigenes Wachstum erklären. Alles, was du brauchst, um es zu verstehen, hast du mit Sicherheit schon tausendfach gesehen: Blumen und Blütenpflanzen in allen erdenklichen Farben, Formen und Größen. So vielfältig sich die Natur in Sachen Flora und Fauna darstellt, so unendlich sind auch die Ausprägungen unserer menschlichen Stimme. Doch jede einzelne birgt in sich die Voraussetzungen, ihre ureigene Strahlkraft zu entwickeln, ganz ohne einfach nur »blumig« zu sein. Auch deine. Bist du bereit?

Dein kostenloser Videokurs

Die Souveränitäts-Challenge: 5 Tage für mehr Selbstsicherheit beim Sprechen und eine stärkere Stimme

Liebe Leserin, lieber Leser,

mit diesem Buch erhältst du tiefe Einblicke in die Hintergründe einer selbstbewussten Stimme und die Macht, die du durch sie über alle Lebenslagen hinweg entfesseln kannst. Geh mit mir gemeinsam noch einen Schritt weiter und lerne die fünf Elemente kennen, die deinen souveränen Auftritt ausmachen. Stell dich jeden Tag auf die Probe und erfahre hautnah deine ganz persönlichen Grundlagen für deine selbstbewusste Stimme. Durch die Souveränitäts-Challenge wirst du nicht nur anders auftreten, auch deine Stimme wird sich verändern. Denn gutes Sprechen beginnt im Kopf – nicht im Hals.

Diese exklusive Videoreihe habe ich speziell entwickelt, um das Wissen aus diesem Buch zu vertiefen und dir zusätzliche praktische Beispiele zu liefern. Nutze die Gelegenheit und lerne dich von einer ganz anderen Seite kennen.

Melde dich jetzt kostenlos an und verwandle Theorie in gelebte Erfahrung!

Herzliche Grüße
Dein Helge

Du findest den Kurs über den Link
https://vocal-impact.de/karriere-turbo
oder über folgenden QR-Code:

Selbstreflexion

Fein und locker muss er sein, der Boden, in dem sich etwas entwickeln soll. Ein schwerer Boden wäre zu fest für anständiges Wachstum. Schließlich müssen doch wichtige Nährstoffe und auch Wasser die Saat erreichen, damit etwas daraus entstehen kann.

Deinen ganz eigenen sprichwörtlich lockeren Boden bereitest du in deinem Kopf. Deine Aufgeschlossenheit kann die Grundlage für ungehemmtes Wachstum sein. Demgegenüber können aber starre Denkmuster und die fehlende Bereitschaft zu lernen dein Wachstum behindern oder zumindest dafür sorgen, dass du sehr lange dafür brauchst.

Selbstreflexion ist das Zauberwort. Durch sie schaffst du die Lockerheit in deinem Gedankengut, das dich aufnahmebereit macht. Nur so kann deine Saat auch Wurzeln ausbilden und sich festigen.

Merk dir: Sprechen ist Kopfsache. Alles steht und fällt mit der Vorbereitung deines fruchtbaren Bodens.

Die gewissen Momente

Was also ist das Geheimnis hinter diesen Momenten, in denen man eine Stecknadel fallen hören kann, wenn eine Person spricht und alle anderen wie gebannt zuhören? Was machen diese Menschen anders, deren Stimme ihre Wirkung nie zu verfehlen scheint und denen man unwillkürlich gern zuhört – egal, ob sie einen Fachvortrag halten oder vom letzten Mittagessen erzählen?

Bestimmt kennst du sie auch, diese Zeitgenossen, denen es in die Wiege gelegt scheint, das Wort zu ergreifen, um fortan die Geschicke jeder Unterhaltung zu lenken, an der sie sich beteiligen. Man sagt mir nach, ich sei so ein Mensch, dem man gern zuhört, aus dessen Mund selbst die banal sachliche Aufschrift eines Beipackzettels wie Poesie klinge. »Ich will auch so sprechen können wie du«, höre ich immer wieder. Eine Gabe sei das, ein himmlisches Geschenk.

Fein, bis zu einem gewissen Punkt stimme ich zu. Tatsächlich habe ich als Bariton, also als Mann mittlerer Stimmlage, offenbar eine recht passable Ausgangsposition. Aber was ist mit dem Drumherum?

Meine Fähigkeit, Menschen damit zu faszinieren, wie ich spreche, und der ganze Rest: Dir ist mittlerweile klar geworden, dass auch ich nicht so auf die Welt gekommen bin und der erste Laut nach meiner Geburt kein wohlig bassiges »Hallo, Mutter« war. Doch ganz vielen ist genau das einfach nicht klarzumachen.

»Warum sollen wir für Sie als Sprecher denn etliche Hundert Euro Gage bezahlen? Sie setzen sich kurz ins Studio, sprechen zwei Sätze ein und das wars dann. Rechnen Sie das mal auf die Stunde hoch. Na, manche Menschen haben halt Glück im Leben.« So oder ähnlich höre ich es mit ermüdender Regelmäßigkeit.

Es gibt wenige Situationen, in denen ich sprachlos bin. In dieser bin ich es längst nicht mehr. Meist erkläre ich dann, was ich in meinem Leben schon so alles gemacht habe, angefangen mit einer fünfjährigen Sprecherausbildung ab meinem 15. Lebensjahr, über acht Jahre Theater und meine journalistische Ausbildung, gefolgt von mittlerweile über 20-jähriger Vollselbstständigkeit als Sprecher mit eigenem Tonstudio – nicht zu vergessen die langen Aufenthalte in den USA, die mir meine Greencard damals einbrachte.

Und auch sonst saß ich in all den Jahren nicht nur herum und drehte Däumchen, bis endlich wieder ein Auftrag hereinflatterte. Über zehn Jahre lang habe ich Radionachrichten für den öffentlich-rechtlichen Rundfunk gesprochen, übertrug Hunderte Infomercials vom US-amerikanischen Original lippensynchron ins Deutsche, war die deutsche und englische Erzählstimme in ebenfalls Hunderten Dokus, vielen Tausend Industriefilmen und noch mehr Werbespots. Neben alledem wagte ich immer wieder den Blick über den sprichwörtlichen Tellerrand und nutzte jede Gelegenheit, um mich stimmlich fortzubilden.

»Für diese Zeit bezahlen Sie meine Gage«, sage ich dann. »Die paar Minuten im Studio schenke ich Ihnen. Sie bezahlen mich dafür, dass ich Ihre Produkte so präsentiere, dass Menschen wie Sie und ich sie kaufen und Ihrem Unternehmen Millionenumsätze bescheren.« Ab da ist dann meist Ruhe.

Solche Gespräche betrachte ich, egal, wie sie letztlich ausgehen, als Gewinn, da sie mir auf diese Weise immer wieder vor Augen führen, wie wenig Sprachbewusstsein wir eigentlich haben. Wer hörbar und womöglich auch noch sichtbar ist, hat eben Glück, so die weitverbreitete Meinung.

Da drängt sich doch das Zitat des Profigolfers Chi-Chi Rodríguez förmlich auf: »Keiner hat ums Grün herum mehr Glück als jemand, der viel übt.«[1] Wenn du jedoch andere überzeugen willst, dann reicht Glück nicht aus. Zwar wirst du mit Glück das eine oder andere Mal auch einen Treffer landen, aber um nachhaltig zu überzeugen, braucht es eindeutig mehr.

Mit wie vielen Menschen ich im Laufe meiner Karriere bisher vor der Kamera, auf der Bühne und hinter dem Mikrofon gestanden habe, kann ich bestenfalls grob schätzen. Einige von ihnen waren altgediente Profis, anderen wiederum durfte ich bei ihren allerersten Gehversuchen im Medienbusiness beiwohnen. Gelernt habe ich von jedem Einzelnen ganz Unterschiedliches. Mal waren es besondere Vorgehensweisen, mitunter auch menschliche Lektionen, und ab und an bekam ich Impulse, die mir zeigten, wie ich nie werden wollte. Jede Erfahrung war dabei auf ihre eigene Weise einzigartig und wertvoll. Alles zusammen prägte mich und brachte mich in der Entwicklung meiner Stimme und Kommunikation weiter. Nur setzte ich mich für eine lange Zeit gar nicht damit auseinander und sah meine Fähigkeiten als gegeben und sogar selbstverständlich an.

Gleichzeitig scheint es ein Naturgesetz, dass Menschen meinen, sich wegen ihrer vermeintlich schlechten Stimme vor mir, dem mit der vermeintlich tollen Stimme, rechtfertigen zu müssen. Immerhin ergaben sich auf diese Weise stets auch sehr intensive und persönliche Gespräche. Ich begann eines Tages, meinen Erfolg zu hinterfragen. Und ich schrieb dieses Buch.

Meine Mission ist es, dir mehr Bewusstsein für die eigene Stimme und insbesondere die Wirkung der durch sie ausgesendeten Botschaften zu vermitteln. Gleichzeitig will ich dir auch Mut zusprechen. Denn es bringt nichts, wenn du vielleicht Menschen mit tollen Stimmen beneidest, dich selbst in ihrem Schatten wähnst und damit zum Schweigen verurteilst.

Den Eindruck, den wir mit unserer Art zu sprechen hinterlassen, nenne ich Vocal Impact. Wir alle erzielen ihn. Keiner von uns kann sich dem berühmten ersten Eindruck entziehen, den wir auf andere haben. Die Kunst aber besteht darin, Einfluss auf ihn zu nehmen und bewusst zu steuern.

In diesem Buch wirst du erfahren, dass es sich dabei nicht um ein persönliches Privileg einiger weniger handelt. Vielmehr ist unsere Art zu sprechen lediglich die logische Schlussfolgerung aus unseren gesammelten Erfahrungen. Eindruck ist aber nicht gleich Erfolg.

Hast du dich schon mal gefragt, was deine Art zu sprechen dich kostet? Ich meine damit nicht vorrangig finanziell, wobei auch das liebe Geld letztlich zum Tragen kommt, wenn du dir berufliche Chancen verbaust. In erster Linie aber meine ich die zwischenmenschlichen Kosten. Denn unterm Strich hat jede Beziehung, ob nun beruflich oder privat, ihren ganz eigenen Wert. Sich mit der Frage auseinanderzusetzen, inwiefern die eigene Art zu sprechen, die eigene Kommunikation, im Leben weiterhilft, ist spannend und höchst aufschlussreich. Bis zu diesem Punkt wähnen sich die meisten von uns ja auf der dem Glück abgewandten Seite. Doch zu erkennen, dass es eben doch ausschließlich auf uns selbst ankommt, wie andere uns wahrnehmen, ändert viel. Für mich drehte sich die Welt ab dem Moment dieser Einsicht anders. Hinzu kam bei mir die ernüchternde Erkenntnis, dass eben nicht jahrzehntelanges Training den Ausschlag gibt. Denn das hatte ich ja ohne Zweifel. Nein, für deinen ganz persönlichen stimmlichen Erfolg ist das nicht nötig, ganz gleich, wie deine Stimme klingt und welche Wirkung du ihr zuschreibst. Im Rückblick auf meinen eigenen Weg habe ich die nötigen Prozesse und Wachstumsschritte identifiziert, die du durchlaufen musst, um deinen persönlichen Vocal Impact einerseits zu verstehen und obendrein auch steuern und kontrollieren zu können.

Du wirst sehen, dass es dafür in erster Linie nicht auf Technik ankommt und schon gar nicht auf deine Stimme an sich, sondern auf dein Fundament. Das ist der sprichwörtlich gute Boden, auf dem du wachsen kannst. Alles steht und fällt mit deiner Einstellung. Hab den Mut, dich mit deiner Art zu sprechen auseinanderzusetzen. Lass mich dir zeigen, wie du mit deiner Stimme Ziele erreichst und deine Stimme vom ungeliebten Geschenk in deinen ganz persönlichen Karriere-Turbo verwandelst.

Bestandsaufnahme: Istzustand

Mach dir bewusst, dass hinter jedem nachhaltigen Erfolg Arbeit steckt. Es mag zwar Menschen geben, die buchstäblich mit dem goldenen Löffel oder eben mit goldenen Stimmbändern auf die Welt kamen. Aber was bringt es dir, sie darum zu beneiden? Ich habe im Laufe der Zeit so viele Personen kennengelernt, die noch nicht einmal darüber nachdachten, wie sie etwas ändern könnten. Darunter waren auch viele, die eine vermeintlich tolle Stimme hatten und dennoch nicht weiterkamen. Es sitzt sich eben bequem auf dem weichen Polster der Missgunst. Vom Sessel aus haben viele Ratschläge Klang. Weshalb, meinst du, haben wir 80 Millionen Bundestrainer oder Politiker in Deutschland? Hör auf, dich selbst zu verachten, und beschäftige dich mit deinem Potenzial. Geh der Sache auf den Grund.

Deine Aufgabe:
Nimm dir Zeit und mach dir Gedanken über deine Istsituation, sowohl beruflich als auch privat. Schreib auf, wo du aktuell stehst. Betrachte deine berufliche Position, genau wie dein Privatleben. Mach eine Inventur, wenn du es so nennen willst. Mit dem Plan, deine eigene Pflanze zu kultivieren, würdest du an dieser Stelle wahrscheinlich eine Bodenprobe entnehmen. Schau einfach, was da ist. Ganz wichtig: bewerte nicht. Notiere nur neutral die Fakten. Die nächsten beiden Seiten sollten dir genügend Platz für deine Notizen bieten. Nutze die Spalte mit der Überschrift »Istzustand«.

Dafür wirst du nicht lange brauchen. Nimm dir dann aber noch etwas mehr Zeit und schreib in die andere Spalte direkt daneben, wohin du gern gelangen würdest. Deshalb trägt sie auch die Überschrift »Ziele«. Wünschst du dir den Aufstieg in eine Führungsposition oder den

Auf- bzw. Ausbau der eigenen Selbstständigkeit? Was möchtest du privat erreichen? Du allein wirst deine Wünsche kennen. Und deine Aufzeichnungen sind auch nur für deine Augen gedacht. Also trau dich ruhig, alles einmal aufzuschreiben.

Sollte dir das unangenehm sein, dann überlege dir folgendes: Du willst etwas ändern? Dann ist es unerlässlich, dir klare Ziele zu setzen. Sonst werden deine Träume stets nur Träume bleiben. Denn was unterscheidet einen Traum von einem Ziel? Der erste Schritt. Und genau den gehst du, indem du, vielleicht zum ersten Mal, ausformulierst, wohin du gelangen willst.

Viel Erfolg.

Istzustand:

Ziele:

Na? Wie leicht fiel es dir, einfach nur Fakten aufzuschreiben, ohne sie zu bewerten? Vielen fällt diese Übung schwer, da wir es meist von klein auf gewohnt sind, alles Mögliche um und an uns zu bewerten: Was gefällt dir am besten? Was sind deine Favoriten? So hören wir es täglich im Umgang mit anderen Menschen.

Auch wenn du einen Blick in die Social-Media-Plattformen wirfst, stellst du nach nur wenigen Klicks fest, wie sehr Bewertungen überall im Vordergrund stehen: »Die besten Tipps, um dies und jenes zu machen«, »Wenn du das machst, hast du nie wieder etc. pp.«.

Es finden sich Bewertungen und Superlative, wohin du auch schaust. Ist doch klar, dass das abfärbt. Doch tut uns das gut? Wir lieben es, geführt zu werden. Selbst diejenigen unter uns, die gern selbst in eine Führungsposition gelangen wollen oder dies bereits erreicht haben, nehmen es dankend hin, wenigstens beim täglichen Social-Media-Feed nicht selbst entscheiden zu müssen, was ihnen als Nächstes angezeigt wird. Da finde ich es nur logisch, dass wir uns mit anderen vergleichen und auch selbst bewerten. Wir sind jedoch eben auch unsere größten Kritiker. Kaum ein anderer würde so hart über uns urteilen wie wir selbst. Umso wertvoller ist es, dich in der Fähigkeit der wertfreien Selbstbetrachtung zu üben. Denn erst wenn du einmal neutral den Istzustand ermittelt hast, kannst du überhaupt planen, in welche Richtung du dich entwickeln willst.

Bestandsaufnahme: deine Kommunikation

Somit ist dein nächster Schritt in Sachen Bodenbearbeitung auch der folgende: Beobachte dich in allen möglichen Situationen, in denen du mit anderen Menschen kommunizierst. Achte vor allem darauf, wie sie auf dich reagieren. Ist das eher wohlwollend oder stößt du oft auf Ablehnung? Wie verlaufen Gespräche? Wer hat den größten Redeanteil daran und wer beendet sie in der Regel? Bist du jemand, der gern lang und ausführlich erklärt, doch andere blocken bereits nach kurzer Zeit ab? Oder gehörst du zu den Menschen, die von anderen stets aufgefordert werden (müssen) zu antworten, denen jedoch selbst nach zwei oder drei Wörtern die eigenen Sätze zu lang werden?

Die wichtigsten Komponenten, um auch diese Aufgabe zu erfüllen, sind Zeit, Geduld und vor allem Neutralität dir selbst gegenüber. Notiere dir erneut deine Beobachtungen, ohne sie zu bewerten.

Gratuliere. Du bekommst allmählich ein Gefühl, was wertfreie Selbstbetrachtung bedeutet. Wie geht es dir dabei? Ich habe die Erfahrung gemacht, dass manche Beobachtungen auch unbequem sind und mitunter sogar schmerzen. Aber mir ging es stets besser, sobald ich sie aufgeschrieben hatte.

Solltest du bis hierher einfach gelesen und noch nichts aufgeschrieben haben, rate ich dir, nun damit loszulegen. Denn wie willst du dich entwickeln, ohne die Entwicklung auch tatsächlich anzugehen?

Drehten sich die ersten Schritte um deine Umgebung und dein Zusammenspiel mit ihr, so wagen wir uns jetzt quasi ans Eingemachte bzw. vielmehr ans Angeborene: deine Stimme.

Bestandsaufnahme: deine Stimme

»Ach, wie gern hätte ich deine Stimme, ach, wie gern würde ich so klingen wie du.« Das höre ich schon mein ganzes Leben. Nur wusste ich über so viele Jahre nicht, wie ich auf diese Äußerungen reagieren sollte. Klar, lächeln und Danke sagen wäre eine Sache gewesen, aber die innere Stimme sagte mir ja meist: »Du kannst doch nichts dafür. Du bist halt du. Na und?«

Was war denn das immer, etwa Bescheidenheit? Wahrscheinlich handelte es sich eher um fehlendes Selbstbewusstsein im wahrsten Sinne des Wortes. Ich war mir meiner selbst und meiner Wirkung nicht bewusst und machte den Fehler, alles als gegeben hinzunehmen. Ich akzeptierte, dass ich eine Wirkung erzielte, hatte aber keine Idee, warum das so war. Mittlerweile hinterfrage ich jedoch den Wunsch anderer nach einer Stimme wie meiner: Warum willst du das denn? Was hättest du davon? Und vor allem: Warum tust du dir das an? Anzunehmen, du hättest ein besseres Leben, mit einer anderen, respektive meiner Stimme, geißelt dich nur innerlich selbst.

Ich liebe Kinowerbung und sorge, selbst gegen den Widerstand meiner Mitgänger, stets dafür, dass wir vor den Vorstellungen den kompletten Werbeblock mitbekommen. Ein Spot sticht mir dabei seit einiger Zeit ganz besonders ins Auge bzw. ins Ohr. Da versucht ein Sprecher seiner Stimme mehr Klang zu verleihen, indem er sie künstlich tiefer klingen lässt. Ich kenne den Kollegen nicht persönlich, aber ich glaube zu hören, dass er an sich sogar eine sehr schöne Stimme hat – wenn auch deutlich höher als in seiner Wunschvorstellung. Ob es nun der Werbekunde war oder ob er selbst auf die Idee kam, den Bass zu suchen, wo keiner ist, kann ich nicht sagen. Ebenso wenig, ob nur ich mich daran störe. Immerhin scheint es dem beauftragenden Kunden ja gefallen zu haben, sonst wäre der Spot in dieser Form nicht auf Sendung. Was aber richtet der Spot in unserem Unterbewusstsein an?

Tiefere Stimmen vermitteln uns traditionell das Gefühl von Seriosität und Ehrlichkeit.[2] Doch wie ehrlich ist es, die eigene Stimme auf diese Weise hörbar zu verändern? Da will jemand in einem anderen Licht erscheinen. Genau diese Botschaft kommt bei mir durch diesen Werbespot an.

Natürlich mag es sein, dass Studien wie die eben erwähnte herausgefunden haben, dass wir tieferen Stimmen lieber zuhören. Aber diese Aussage ist mir zu pauschal. Denn die Entscheidung, welche Stimme ich tatsächlich als angenehm empfinde und welche nicht, treffe ich allein – ausschließlich durch den subjektiven Höreindruck und nicht mit dem Frequenzmesser im Anschlag.

Was ist tief? Was ist hoch? Was ist angenehm und was nicht? Darüber entscheidest du allein für alle Stimmen, die du hörst. Und ein jeder entscheidet für sich darüber, wie er die Stimmen um sich herum einordnet, auch deine. Rein danach zu urteilen, ob sie hoch oder tief klingt, bringt dich keinen Millimeter weiter. Darauf hast du in den Ohren anderer Menschen keinerlei Einfluss. Du beeinflusst jedoch ganz erheblich, wie du deine eigene Stimme einsetzt.

In meinen Ohren ist die ehrlichste Grundvoraussetzung für spontane Sympathie eine unverstellte, ehrliche Naturstimme. Die ist mir tausendmal lieber als eine künstlich veränderte – ganz abgesehen davon, dass es den Stimmbändern nicht guttut, wenn die Stimme auf Dauer gedrückt wird.

Du kannst klingen, wie du willst. Deine Stimme kann hoch sein oder tief, heiser oder tragend: Darauf kommt es nicht an. Wenn das, was dahintersteht und diese Stimme antreibt, nicht passt, dann könntest du womöglich die augenscheinlich perfekte Naturstimme haben und würdest dennoch nichts damit erreichen. Im Umkehrschluss heißt das aber: Wenn der Hintergrund passt, kannst du sprichwörtlich alles erreichen.

Ich habe viele Jahre gebraucht, um das benennen zu können. Als ich endlich meinen Moment der Erleuchtung hatte und mir vieles klar wurde, lernte ich eine wichtige Lektion:

Deine Technik mag noch so fortgeschritten sein – ohne das grundlegende Wissen um das »Warum« dahinter wirst du es nicht schaffen, dein volles Potenzial zu entfalten.

Warum ich anders klang, war ausschließlich meinem Ehrgeiz geschuldet, mich den für meine Aufnahmen benötigten Gefühlen hinzugeben. Das hatte ich in meiner Theaterzeit so gelernt. Ich schäme mich meiner Gefühle längst nicht mehr. Nur eben benennen konnte ich diese Einstellung über so viele Jahre nicht. Es war für mich ja selbstverständlich. Und es schmerzt ein wenig, mir einzugestehen, dass ich quasi eine technisch perfekte Null war. Auf den ersten Blick ist so eine Null ja eine runde Sache, aber Null bleibt eben Null. Es gibt keinen Ausschlag in eine Richtung, weder positiv noch negativ, es ist einfach nur eine Null.

Doch ist es nicht genau dieser Ausschlag, den du erreichen willst? Er bildet eine wichtige Zutat für deinen persönlichen Vocal Impact. Und dabei bringt es dich eben kein bisschen weiter, nur auf meine oder andere vermeintlich tolle Stimmen zu hören und dich selbst innerlich weiterhin zu geißeln. Du hörst jemanden sprechen und sagst, du magst die Stimme. Aber was dich nachhaltig fasziniert, liegt auf einer anderen Ebene. Dich fasziniert, was von jener Stimme bei dir ankommt und welche Gefühle sie in dir auslöst. Also hör auf, dich selbst zu verachten und mach dir stattdessen eines bewusst: Egal, wie deine Stimme klingt, du kannst an ihr und vor allem an dir arbeiten. Du kannst dich und deine Stimme im Rahmen der Naturgesetze optimieren. Für dein Innerstes aber gelten keine Gesetze. Es gibt höchstens Glaubenssätze, auch solche, die dich limitieren. Aber für das, was dich aus deinem Innersten heraus antreibt und dir Ausdruck verleiht, gibt es keine Gesetze. Arbeite daran und du wirst gewinnen.

Du kannst an deiner Art der Kommunikation arbeiten und sie auf ein völlig anderes Level bringen. Nur denk noch mal an die technisch perfekte Null. Sie ist eine augenscheinlich runde Sache, aber das war es dann eben auch. Hör auf, vermeintliche Ideale anzuschmachten und dich dabei selbst zu bedauern. Schau stattdessen in den Spiegel und sage: Ich akzeptiere, was mir die Natur mit auf den Weg gegeben hat, als Grundlage. Deine Stimme ist ein Instrument. Es ist völlig egal, wie dieses Instrument beschaffen ist. Wichtig ist, wie du es spielst.

Hör dir dein Instrument an. Dank der allgegenwärtigen Smartphones ist es ja keine große Sache mehr, eine gute Aufnahme der eigenen Stimme anzufertigen. Auch wenn du allein beim Gedanken daran vielleicht schon das Gesicht verziehst: Mach es und hör dir die Aufnahme danach an. Auch bei dieser Übung gilt: Bewerte das, was du hörst, nicht, sondern schreib es einfach neutral auf. Du hast wieder genug Platz, alles zu notieren. Nimm dich am besten in einer Alltagssituation auf. Telefonate eignen sich da besonders gut. Achte nur darauf, ausschließlich dich allein aufzunehmen. Die Datenschützer verstehen in dieser Hinsicht – zurecht – keinen Spaß. Auch würde ich dir nicht empfehlen, deine Gesprächspartner über die Aufnahme zu informieren. Es sei denn, du hast die Gelegenheit, deine beruflichen Gespräche aufzuzeichnen oder musst dies sogar tun, z. B. aus Gründen der Qualitätssicherung. In dem Rahmen ist das ja heute schon Alltag. Doch sobald du dich privat unterhältst, gibt es kaum Argumente für eine Aufnahme zur Qualitätssicherung, obwohl es genau genommen nichts anderes ist.

Wichtig ist lediglich, dass du deine Stimme in einer Situation aufzeichnest, in der du natürlich sprichst. Klar könntest du auch einen Zeitungsartikel laut vorlesen und dich dabei aufnehmen. Aber dann kommen wieder alte Glaubenssätze zum Tragen wie »Ich kann ja gar nicht lesen« und »Das klingt viel schlechter als beim Nachrichtensprecher«. Spar dir das. Wenn du der Meinung bist, du kannst damit professionell umgehen, dann los.

Um dir den Start noch zu erleichtern, habe ich dir einige Fragen, die du dir stellen solltest, gleich dazugeschrieben. Lass dir Zeit. Und hör dir zu. Denn wenn du nicht bereit bist, dir zuzuhören ... weshalb sollten es andere tun?

- **Klang:** Wie würdest du den Klang deiner Stimme beschreiben? Ist er eher tief oder hoch, sanft oder kräftig?

___

___

___

- **Tonlage:** Welche Tonlage nimmst du ein, wenn du sprichst? Wirkt sie auf dich angestrengt oder entspannt?

___

___

___

- **Artikulation:** Wie klar und deutlich artikulierst du die Wörter beim Sprechen?

- **Tempo:** Wie schnell sprichst du? Kannst du selbst alles gut verstehen?

- **In Anbetracht der aufgezeichneten Situation:** Sprichst du in einem angemessenen Tempo? Ist es zu schnell, zu langsam oder gerade richtig?

- **Betonung:** Achte auf die Betonung von Wörtern und Sätzen. Kannst du dir selbst folgen? Variierst du in deinen Betonungen oder sprichst du eher gleichförmig?

- **Ausdruck:** Wie emotional und ausdrucksstark ist deine Stimme beim Sprechen?

- **Pausen:** Machst du Pausen beim Sprechen, um wichtige Punkte zu betonen oder zum Atmen? Oder sprichst du ohne größere Pausen?

- **Eigene Fragen:**

Stimme

Sie ist die Keimzelle deiner Strahlkraft: deine Stimme. Wenn du noch immer der Meinung bist, du hättest diesbezüglich weniger mit auf den Weg bekommen als all jene, denen du gern zuhörst, dann denk nochmals zurück an das surreale Bild, das ich dir von der Stunde meiner Geburt zeichnete. Wir alle starten mit ähnlichem Potenzial. Die Frage ist nur: Was machen wir daraus? Und wann tun wir dies?

Nicht jeder Saat entspringt eine Rose, und wenn doch, dann hat eine davon vielleicht auch Dornen. Es gibt Hunderttausende Pflanzenarten. Jede entwickelt ihre ganz eigene Strahlkraft. Allen gemein ist das Grundprinzip. Genauso verhält es sich mit der menschlichen Stimme. Lass sie uns etwas genauer betrachten.

Deine Visitenkarte

Egal ob du deine Stimme nach der letzten Übung akzeptabel findest oder eben nicht: Wenn wir Menschen uns persönlich treffen, bilden wir uns binnen Sekundenbruchteilen allein durch das, was wir zu sehen und zu hören bekommen, ein Urteil über unser Gegenüber. Statur und Körperhaltung nehmen wir schon aus der Entfernung wahr. Hören wir noch dazu die Stimme, dann wird das Bild rund. Ihr widmen wir einen großen Teil unserer Aufmerksamkeit. Der tatsächliche Inhalt hingegen ist uns im ersten Moment ziemlich egal und kommt erst mit einem sich entwickelnden Gespräch zum Tragen. Ganz schön wichtig also, unser Organ.

Umso erschreckender ist es, wie wenig Stimmbewusstsein wir haben, frei nach dem Motto: »Die Stimme ist naturgegeben, daran können wir eh nichts ändern ...« Und die soll unsere Visitenkarte sein? Das weitverbreitete Stimm(un)verständnis passt jedoch ins moderne Bild. Immer wenn ich Bahn fahre, sehe ich am Bahnhof einen Kasten, auf dem steht: »Visitenkarten hier jetzt billig drucken – 20 Stück für nur fünf Euro«. Da wird mir dann so einiges klar. Dazu passen z. B. auch die Menschen, die mich auf Messen und bei Business-Veranstaltungen Zeit und Nerven kosten. Sie behaupten, Visitenkarten seien out und alles stecke in einem kleinen QR-Code, den sie mir dann unter die Nase halten, verbunden mit der Bitte, ihn zu scannen. Kurz darauf sind sie auch schon wieder weg. Und das nicht nur persönlich, sondern auch aus meiner Erinnerung. Sekunden später weiß ich keinen Namen mehr und auch die Berufsbezeichnung habe ich vergessen. Na klar, mit »Finanzdienstleister« liegt man auf vielen Businesstreffen nie völlig falsch, aber das ist doch nicht Sinn der Sache. Ein Kennenlernen verbinde ich traditionell mit mehr. Bin ich altmodisch, wenn ich mich auch in der heutigen Zeit immer noch über eine schöne Visitenkarte freue, die ich wertschätzend entgegennehmen und kurz betrachten kann, um dann direkt meinem Gegenüber eine kurze Frage zu stellen und mit ihm oder ihr intensiver ins Gespräch zu kommen?

Auch im Bereich der Stimme lohnt sich eine altmodischere Einstellung auf jeden Fall. Denn so weit hergeholt ist es tatsächlich nicht, wenn wir ihr die Eigenschaften einer Visitenkarte zusprechen. Dafür reicht schon ein erster Eindruck: War da vielleicht ein Zittern? Ist mein Gegenüber etwa unsicher? Aus Stimmen lässt sich weit mehr heraushören, als uns lieb sein könnte, auch über Nationalität, Geschlecht und Alter hinaus. Du musst keine tiefergehenden analytischen Fähigkeiten haben, um Gefühle oder bestimmte Charakterzüge der Person dir gegenüber im wahrsten Sinn des Wortes hautnah zu erfahren. Unser Unterbewusstsein holt sich automatisch die Informationen, die es braucht.

Offenbar war das auch den alten Römern schon klar, denn der vielfach verwendete Begriff »Person« leitet sich vom lateinischen Wort »personare« ab. »Widerhallen«, »laut verkünden« und auch »durchtönen« erscheinen in der Liste der damit verbundenen deutschen Übersetzungen. Eigentlich ist es auch logisch, dass wir, sobald wir sprechen, direkt »auf Sendung« sind. Was wir kurz zuvor erlebt haben oder uns besonders beschäftigt, beeinträchtigt unsere Stimme. Warum ist das so?

Machen wir einen kleinen Ausflug in die Anatomie unseres Stimmapparates, namentlich unseres Kehlkopfes. Er ist bei einigen Menschen, vor allem bei Männern, ausgeprägter, bei anderen hingegen nur eine kleine Erhebung vorn am Hals. Der Kehlkopf bildet den oberen Teil unserer Luftröhre. Er besteht aus Knorpeln und ist innen hohl, damit die Atemluft ihn durchströmen kann. Trotz dieses Hohlraums ist er nicht leer: In seinem Inneren befinden sich unsere Stimmbänder, zwei feine Bändchen, die an winzig kleinen Muskeln aufgehängt und daher höchst beweglich sind. Ihre Aufgabe ist es einerseits, die Luftröhre zu überdecken, andererseits aber eben auch Töne zu erzeugen. Dafür befindet sich zwischen den Stimmbändern ein kleiner Spalt, die sogenannte Stimmritze.

Um uns das normale Atmen zu erleichtern, sind die Bänder im stummen Alltag eher entspannt. Dadurch ist die Ritze größer und Luft kann ungehindert durchströmen. Entscheiden wir uns dann aber, Töne zu erzeugen, also zu sprechen, spannen die kleinen Muskeln die Stimmbänder an und die Luft, die aus unserer Lunge nach oben strömt, versetzt sie in Schwingung. Et voilà, unsere Stimme ist zu hören.

Da bei Männern der Kehlkopf, wie bereits erwähnt, meist größer ist und so entsprechend mehr Raum bietet, sind auch die Stimmbänder länger und schwingen langsamer, auf tieferer Frequenz. Bei Frauen ist der Kehlkopf meist kleiner, weshalb auch die Stimmbänder kürzer sind und daher hochfrequenter schwingen. Darum sind Männerstimmen oft eher tiefer und Frauenstimmen eher höher angelegt.

Am leichtesten nachvollziehen lässt sich der Effekt mithilfe eines Gummibandes. Spannst du es locker zwischen zwei Fingern und zupfst daran, entspricht der hörbare Ton lautmalerisch einem tieferen »Twong«, während er, spannst du das Gummiband straff, eher in Richtung eines höheren »Bing« geht. Jetzt hast du, egal welche Ausgangstonlage deine Stimme hat, in manchen Situationen bestimmt schon verwundert festgestellt, dass du plötzlich deutlich höher klingst. Das ist z. B. so, wenn du Stress hast oder aufgeregt bist. Gleichzeitig kommt es vor, dass du nach einer erholsamen Nacht mit ausreichend Schlaf morgens aufwachst und deutlich tiefer klingst, als du es sonst vielleicht gewohnt bist. Verkleinert Stress etwa den Kehlkopf?

Natürlich nicht. Aber die Aufhängung strafft sich. Genau das ist der Effekt des Durchtönens, »per sonare«. Da deine Stimmbänder an winzig kleinen Muskeln hängen, überträgt sich auf diese Weise eben unmittelbar jegliche An- bzw. Entspannung, die du verspürst. Bist du angespannt, sind es auch deine Schultern mitsamt der Hals- und Nackenmuskulatur. Und wenn eine Muskelgruppe verspannt ist, dann geht das auch auf die Nachbarschaft über. Damit erstreckt sich diese Spannung selbstverständlich auch auf jene Muskeln, die deine Stimmbänder bewegen. Und da eine höhere Spannung – denk an das Gummiband – höhere Töne erzeugt, befindest du dich plötzlich stimmlich in ungeahnten Höhen. Gleichzeitig hast du, wenn du z. B. stark erkältet bist, meist eher eine Grabesstimme. Durch den angelagerten Schleim schwingen deine Stimmbänder wiederum langsamer und die erzeugten Töne werden tiefer. Denselben Effekt stellen auch viele Raucher fest, wenngleich ich dringend davon abrate, auf der Suche nach einer tieferen Stimme zu Zigaretten oder ähnlichen Drogen zu greifen. Denn das Einzige, was sich im Falle von Rauch tatsächlich sicher prophezeien lässt, sind meist schwerwiegende gesundheitliche Folgen. Finger weg von jeglicher Chemie.

Wenn du deine Stimme nachhaltig verändern willst, dann habe ich eine tolle Nachricht für dich: Du bist kein Opfer der Gene deiner Vorfahren. Deine Stimme ist veränderbar. Freilich wird in aller Regel aus einem Tenor kein Bass, bzw. aus einer Sopranistin kein Alt und umgekehrt. Doch ich staune selbst immer wieder, welche Möglichkeiten die intensive Arbeit an der Stimme bietet. Ich finde, deiner Stimme gebührt ein viel größerer Stellenwert, als du ihn ihr bisher zugestehst. Entsprechende Rücksichtnahme und Pflege solltest du ihr daher auch eher früher als später zuteilwerden lassen.

Aber wie? Viele Stimmtrainings konzentrieren sich lediglich auf die reine Technik: Stimmübungen, Betonungen, Artikulation … Das ist für sich genommen auch richtig und wichtig, und die erzielten Ergebnisse können beeindrucken. Aber denk an das Bild der Pflanze. Ohne den richtigen Boden und die entsprechenden Nährstoffe wird sie nicht wachsen. Gutes

Sprechen ist keine Sammlung von Formeln und bunten Knöpfen. Es ist ein Mindset. Dich dem zu stellen und intensiv mit deiner eigenen Stimme auseinanderzusetzen, das verschafft dir einen Riesenvorteil gegenüber allen anderen. Denn dass du zunächst eine Abneigung gegenüber deiner eigenen Stimme verspürst, ist vor allem auch der Irritation geschuldet, die diese Erfahrung mit sich bringt, wenn du dir selbst zuhörst. Das ist für so viele andere Grund genug, nie wieder hinzuhören. Dabei verschenken sie ihr Potenzial.

Ich wurde bereits in der Grundschule dazu genötigt, mich mir selbst zu stellen, und bin mittlerweile sehr dankbar für diese frühe Erfahrung. Es muss etwa April 1986 gewesen sein. Meine Versetzung aufs Gymnasium war in trockenen Tüchern und meine damalige Klassenlehrerin dachte sich, am Ende einer Grundschullaufbahn wäre es doch eine hervorragende Idee, die Schüler sich gegenseitig interviewen zu lassen und dabei aufzunehmen. Zeitgemäß erfolgte die Aufzeichnung mittels eines überdimensionierten Kassettenrekorders, und alle mussten mitmachen. Eine Riesengaudi – doch im Anschluss an die Übung hörten wir uns die Aufnahmen gemeinsam an und besprachen unsere gesammelten Erkenntnisse. Einige kicherten, schließlich hörten die allermeisten in diesem Moment das erste Mal ihre eigene Stimme vom Band, z. B. ich.

Und ich verstand die Welt nicht mehr. Ein paar Wochen zuvor hatte ich meinen zehnten Geburtstag gefeiert und ich fühlte mich absolut nicht in der Lage, bei dieser Premiere Spaß zu empfinden. Völlig unnatürlich kam mir der Klang meiner eigenen Stimme vor. Aber was war denn da kaputt? Alle anderen hätte ich natürlich direkt erkannt, aber mich selbst? Wer war dieses Kind mit der hellen Piepsstimme? Ich machte dennoch heitere Miene zu diesem stark gewöhnungsbedürftigen Spiel und zog mit.

Heute denke ich, es war vielleicht sogar gut, dass ich mich dermaßen vor mir selbst zierte. Denn schockiert und fasziniert gleichermaßen saß ich am Nachmittag zu Hause und kramte ein kleines Aufnahmegerät aus dem Wohnzimmerschrank meiner Eltern hervor. Ich wollte mehr darüber herausfinden. Bei aller Abneigung mir selbst gegenüber war mir doch nicht entgangen, dass die anderen Kids sich nicht über mich lustig gemacht hatten. Klar war viel gekichert worden, aber das war altersgemäß ja nicht weiter ungewöhnlich. Niemand hatte jedoch etwas Negatives über die jeweils anderen Stimmen gesagt, immer nur über die eigene.

Meine Neugier war geweckt: Was steckte dahinter? Also begann ich, kleine Hörspielszenen aufzunehmen. Die Geschichte war mir dabei egal. Ich hatte Lust zu experimentieren: mit meiner Stimme und allerlei tönenden Materialien, die ich im elterlichen Haushalt auftreiben konnte. Ich mochte meine Stimme zwar immer noch nicht, aber wenigstens hatte ich jetzt Spaß. Zu diesem Zeitpunkt war es für mich absolut unvorstellbar, dass ich nur fünf Jahre später meine ersten Werbespots einsprechen würde. Aber ich gehe davon aus, dass ich mich auf spielerische Art und Weise daran gewöhnte, mich selbst zu hören.

Und heute? Ja, ich gebe es zu: Ich höre mich selbst gern reden. Du hast mich ertappt. Aber was im normalen Leben eher abfällig über redselige Personen wie mich geäußert wird, ist nicht nur essenziell für meinen Job als Sprecher, sondern sogar eine der wichtigsten Voraussetzungen für den selbstsicheren Einsatz der Stimme in jeglicher Situation – auch für dich.

Erfahrungsgemäß finden es die meisten Menschen seltsam, ihre eigene Stimme zu hören. Und das, obwohl z. B. Sprachnachrichten in den letzten Jahren einen ungeheuren Boom erleben. Nur ist in dem Fall natürlich nicht der Wunsch, die eigene Stimme zu verbreiten, ausschlaggebend, sondern schlicht Tippfaulheit. Ich behaupte, wäre es zwingend nötig, sich seine eigene Aufzeichnung vor dem Absenden nochmals anzuhören, so hätten die Messengerdienste den Sprachbutton längst seiner prominenten Position beraubt, sofern sie ihn überhaupt noch in den entsprechenden Apps einsetzen würden.

Doch das Gegenteil ist der Fall und Sprachnachrichten boomen weiter. Klar, denn die Empfänger hören schließlich nur das, was sie in einer direkten Unterhaltung auch hören würden: die Stimmen der anderen, wie sie sie kennen. Das ist also nichts Ungewöhnliches. Aber wie groß ist unsere Irritation über das eigene Instrument denn tatsächlich? Offenbar stellt es eine große Herausforderung für die allermeisten dar, die eigene Stimme überhaupt erkennen zu können. »Ich werde mich doch selbst kennen«, höre ich dich jetzt fast sagen. Doch wie heftig das sein kann, zeigte mir ein Erlebnis mit meiner Mutter vor einigen Jahren. Da kam ich wirklich ins Grübeln.

Unvermögen in guter Gesellschaft

Es war ein heftiger Schlag, als ich begriff, dass meine Eltern beide dement waren. Plötzlich schienen all jene Begebenheiten, die in den Jahren zuvor für manches Ärgernis, aber auch lustige Momente gesorgt hatten, in höchst gruseliger Weise Sinn zu ergeben. Denn ab da war klar, dass die beiden Senioren nicht nur »tüdelig« waren, wie meine Mutter das in ihrem norddeutschen Slang immer ausdrückte, sondern dass geistig bei ihnen einiges ganz und gar nicht mehr stimmte.

Neben einer immer stärker um sich greifenden allgemeinen Orientierungs- und Ziellosigkeit hatten beispielsweise Absprachen jeglicher Art keinerlei Relevanz mehr, da sie sich meist schon wenige Minuten nach dem Gespräch nicht mehr an sie erinnerten. Gleiches galt für das Gespräch selbst, in dem die Absprachen getroffen wurden. Ich hätte ihnen natürlich meinen Willen aufzwingen können, frei nach dem Motto: »Ist mir egal, ob ihr das noch wisst, wir haben darüber gesprochen und ich weiß das und das muss jetzt eben so passieren«.

Aus der Verwandtschaft gab es auch tatsächlich Stimmen, die mich davon überzeugen wollten. Doch stellte ein solches Vorgehen zu jener Zeit noch das Überschreiten einer Grenze dar. Und ich war noch nicht bereit, sie einzureißen. Schließlich, so machten mir die kooperierenden Pflegedienste unmissverständlich klar, hat auch ein kranker Mensch noch immer das Recht, nach seinem Willen behandelt zu werden oder sich eben komplett gegen jegliche Behandlung zu entscheiden.

Letzteres war bei meinen Eltern regelmäßig der Fall. Sie entschieden sich stets für die in meinen Augen schlechtere Variante des Vorgehens, scheuten sich, Entscheidungen zu treffen, bzw. trafen sie eben stets die Entscheidung, nichts an ihrer Lebenssituation ändern zu wollen. Dieses Verhalten verlangte mir und allen anderen Beteiligten viel Kraft ab. So viel, dass ich sogar einem Burn-out gefährlich nahekam und mich zeitweise außerstande sah, meiner Arbeit im gewohnten Umfang nachzugehen.

Kurzum: Eine Lösung musste her. Einerseits wollte ich meinen Eltern helfen, andererseits, nenn mich egoistisch, wollte ich auch ein Stück Seelenfrieden für mich zurückerobern, um die teilweise intensiven Spannungsbögen rund um ärztliche Fürsorge, Versicherungen und Lebensumstände aufzulösen und wieder in geregelte Bahnen zu lenken. So hatte ich eines Tages die geniale Idee, die wichtigen Gespräche mit meinen Eltern aufzunehmen. Meine Mutter war diejenige, die noch sprechen konnte – bei meinem Vater hatte die Demenz tragischerweise bereits das Sprachzentrum in Mitleidenschaft gezogen, sodass sich seine Interaktion mit der Umwelt auf Ebenen jenseits des gesprochenen Wortes beschränkte. Dementsprechend oblag es meiner Mutter, die Geschicke beider zu lenken. Ergo würde ich das Gespräch mit ihr auf einem Smartphone mit Recording-App aufzeichnen. Auf die Weise sollte es doch ein Kinderspiel sein, für mehr Sicherheit im Hause Sidow zu sorgen und meine Eltern widerstandsfrei ins Boot zu holen. Bei späterem Widerspruch würde ich ihnen die relevanten Teile des Gesprächs, vor allem ihre Einverständniserklärungen, vorspielen. Denn die eigene Stimme erkennt doch jeder. Das dachte ich jedenfalls.

Gesagt, getan. Als wir beim nächsten Besuch im Haus meiner Eltern um den Esstisch saßen, wollte ich direkt Nägel mit Köpfen machen, zückte mein Handy und sagte: Ich nehme das Gespräch jetzt mal auf, dann habe ich eine Gedächtnisstütze und weiß nachher noch, worüber wir gesprochen haben. Diese Initiative fand meine Mutter sogar richtig klasse – schließlich vergesse sie ja auch ab und an mal was. »Ab und an« … selten so gelacht.

Da saßen wir also und ich brachte sämtliche offenen Punkte vor, erklärte geduldig den Sinn hinter den von mir beabsichtigten Maßnahmen und traf tatsächlich auf Verständnis und Einsicht. Und wo diese fehlte, erklärte ich und insistierte, bis ich ein »Ja« aufgezeichnet hatte. All dies speicherte ich im Smartphone – inklusive der mütterlichen Einverständniserklärungen zu den einzelnen Punkten. Wie einen Schatz hütete ich danach mein Telefon und übertrug, daheim angekommen, die goldwerten Aufnahmen noch zur Sicherung sogar auf einen externen Speicher.

Erleichtert und mit neuer Kraft ging ich in den darauffolgenden Tagen die Hilfspläne für den elterlichen Haushalt an und setzte etliche Hebel in Bewegung. Doch machte meine Mutter all diese Anstrengungen kurzerhand wieder zunichte. Einmal öffnete sie der Dame vom Pflegedienst die Tür nicht, am anderen Tag warf sie dem netten Fahrer von »Essen auf Rädern« die bestellten und bezahlten Gerichte fast hinterher, sodass dieser infrage stellte, ob es denn Sinn ergebe, überhaupt noch weiterhin an ihre Adresse zu liefern.

Einerseits enttäuscht, wenngleich trotzdem ein Stück weit siegessicher, begab ich mich wiederum zum Haus meiner Eltern und stellte meine Mutter zur Rede. Abgesehen davon, dass sie keinerlei Erinnerung mehr an die unschönen Ereignisse mit Pflege- und Lieferdienst zu haben schien, konnte sie sich selbstverständlich überhaupt nicht mehr an die getroffenen Absprachen erinnern. Ich fühlte mich in gewisser Weise überlegen, als ich mein Smartphone zückte, um ihr die zusammengeschnittene Kurzversion unseres langen Gesprächs ein paar Tage vorher zu Gehör zu bringen.

Doch was dann passierte, veränderte alles. Meine Mutter erkannte sich nicht nur nicht mehr selbst, sie hegte auch prompt den Verdacht, ich wolle sie veralbern und hätte den finsteren Plan, sie mit billigen Tricks herumzukriegen. Das Unverständnis mündete schließlich in einem handfesten Streit und meine Mutter ging sogar körperlich auf mich los. Dermaßen aufgebracht hatte ich sie noch nie zuvor erlebt. Allem Ärger zum Trotz habe ich an jenem Tag eine wichtige Lektion gelernt: Es ist keinesfalls selbstverständlich, die eigene Stimme in einer Aufnahme zu erkennen. Wie schwer muss es erst für jene sein, die aufgrund einer Demenz ohnehin in einem Dauerzustand der Verunsicherung leben.

Das Thema ließ mich nicht mehr los – einerseits zwar unfreiwillig, da meine Eltern alles taten, um ihre Unabhängigkeit zu wahren, andererseits wollte ich aber auch ergründen, weshalb es meiner Mutter so unmöglich gewesen war, sich selbst zu erkennen. Lag das nur an der Demenz, hatte sie keine Lust oder gab es da noch andere Gründe? Bei meinen Recherchen stieß ich auf eine Studie der beiden US-Forscher C. Rousey und P. S. Holzman aus dem Jahre 1967.[3] Die beiden wollten herausfinden, wie viele Menschen ihre eigene aufgezeichnete Stimme einwandfrei erkennen können. Voraussetzung für die Teilnahme war, dass die Probanden wenig bis keine Erfahrung auf diesem Gebiet hatten und sich auch beruflich nicht mit Stimmbildung auseinandersetzten. Die beiden Forscher nahmen sie in einem kurzen Interview auf und spielten ihnen drei Monate später fünf Sekunden aus diesen Aufnahmen vor, gemischt mit anderen Probanden beiderlei Geschlechts. Lediglich 38 Prozent waren in der Lage, ihre Stimme sofort und einwandfrei zuzuordnen. Die Quote derjenigen, die sich selbst erkannten, stieg erst an, als sie Antworten zu persönlichen Interessen oder vertrauten Themengebieten abspielten. Doch abseits davon war es eben nur wenig mehr als ein Drittel.

So wunderte mich die Unfähigkeit meiner Mutter, ihre eigene Stimme zu identifizieren, gar nicht mehr. Denn wenn schon gesunde Menschen Probleme mit ihrer eigenen Stimmidentität haben, wie ungleich schwieriger muss das für eine an Demenz erkrankte Person sein?

Also, keine Sorge: Dass dir deine eigene Stimme mit einiger Wahrscheinlichkeit derart fremd ist und du sie nicht einwandfrei erkennen kannst, ist gar nicht weiter tragisch. Du befindest dich in bester Gesellschaft. Aber warum ist das so? Warum hören wir selbst uns anders, als unsere Mitmenschen uns wahrnehmen?

Es ist gar nicht so schwer nachzuvollziehen, wenn du dir die Wege vorstellst, die der Schall jeweils zurücklegen muss. Nehmen wir zur einfacheren Erklärung an, der Klang der Stimme entsteht im Kehlkopf, indem Luft durch die Stimmbänder strömt und sie zum Vibrieren bringt. Durch den Mund deines Gegenübers treten diese Schallwellen aus und treffen über die Luft auf deine Ohren, in denen sie wiederum dein Trommelfell zum Vibrieren bringen. Durch die verbundenen Nerven gelangen diese Signale zum Gehirn, das sie dann interpretiert.

Doch wenn du einmal den Schall in deinem Innern betrachtest, dann hörst du zwar einerseits deine eigene Stimme auch über denselben Weg wie dein Gegenüber. Es gibt jedoch auch all jene verschiedenen Gewebe, Organe und Hohlräume in deinem Körper, die durch die von dir selbst erzeugten Schallwellen ebenfalls in leichte Schwingungen versetzt werden. Und da deine gesammelten Innereien in der Regel eine deutlich höhere Dichte aufweisen als die umgebende Luft, schwingen sie mit einer niedrigeren Frequenz. Diese reicht aber aus, um auch die am Hörvorgang beteiligten Membranen zum Schwingen zu bringen. Niedrigere Frequenz bedeutet tiefere Töne.

Et voilà: Jetzt kennst du den Grund, weshalb du dich in der Regel selbst eher tiefer wahrnimmst, als du tatsächlich klingst. Nimmst du deine Stimme aber auf, entfällt genau dieser Körperschall und du hörst beim Abspielen einer Aufzeichnung lediglich das, was dein Sprechapparat in die Umgebung abgibt, mal abgesehen von technischen Besonderheiten des verwendeten Aufnahmegeräts. So oder so werden aber die Eigenschwingungen deines Körpers nicht in hörbarem Maße mit aufgezeichnet. Im Grunde genommen hast du dann also dieselbe Situation wie dein Gegenüber, das nur die ausgesendeten Schallwellen empfängt. Und das Ende vom Lied: Du findest deine Stimme völlig fremd und unnatürlich, weil sie ungewohnt klingt.

Du hast dich an den verzerrten Klang gewöhnt, der, von dir selbst ausgesendet, wieder bei dir ankommt. Mit deiner tatsächlichen Stimme hat das nicht viel zu tun. Nur der große Haken ist ja: Wenn du deine Stimme gekonnt einsetzen und Ziele erreichen willst, dann kommst du gar nicht umhin, dir bewusst zu machen, wie du klingst und welche Wirkung du nach außen hast.

Aller Widerwillen und alles Lamentieren helfen dir nicht: Lerne, deine Stimme objektiv zu beurteilen und sie zu schätzen. Dabei spielt es überhaupt keine Rolle, ob du eine hohe, mittlere oder tiefe, eher heisere, kräftige oder sonst wie geartete Stimme hast. Ich kann es gar nicht oft genug wiederholen:

Wenn du es nicht schaffst, dir zuzuhören,
weshalb sollen andere es tun?

Wenn dir jedes Mal beim Sprechen ein kalter Schauer über den Rücken jagt und du nur darüber nachdenkst, wie vermeintlich mies du in diesem Moment klingst, dann bekommen deine Mitmenschen das mit, selbst wenn sie deine Stimme vielleicht gar nicht so schlecht finden. Irgendwas passt da dann nicht. Natürlich kannst du trotzdem Inhalte vermitteln. Aber wenn du stets einen gehörigen Teil deiner Energie auf Selbstverachtung verschwendest, dann wirst du niemals stimmlich 100 Prozent erreichen. Und das ist wirklich keine höhere Mathematik, oder?

Mein Rat: Nimm dich ab jetzt regelmäßig auf. Überwinde dich und hör dir zu. Versuche stets, deine Stimme nicht zu bewerten, sondern ergründe, weshalb du in den verschiedenen Situationen jeweils anders klingst. Ich verspreche dir spannende Entdeckungen. Erfahre völlig neue Wesenszüge an dir. In welchen Situationen bist du angespannt? Wann wird deine Stimme heller, gar schriller? Und ab wann hörst du Entspannung? Was ist die Besonderheit in diesen Situationen? Fällt es dir schwer, das herauszuhören? Dann denk über die aufgenommene Situation nochmals nach. War es ein eher unangenehmes Gespräch und du erinnerst dich noch, dass du sehr angespannt warst? Perfekt, dann hör nochmals rein: Wie klingt das?

Nimm dich regelmäßig auf und fang an zu experimentieren. Wenn du in einer gewissen Situation eine Veränderung deiner Stimme bemerkst, die du als nachteilig empfindest, dann spiel die Situation für dich allein einmal durch. Sprich dabei in deiner normalen Lautstärke und nimm dich dabei auf. Versuche, deine Stimme in die Gegenrichtung zu bringen.

Komm heraus aus der Anspannung und hinein in die Entspannung. Achte dabei besonders darauf, wie sich das anfühlt. Was genau empfindest du dabei? Was du kennst, kann dich nicht mehr so schnell aus der Bahn werfen. Verschaff dir Routine und probiere dich in Gesprächen aus. Es ist dann wiederum auch spannend, dein Umfeld zu beobachten. Verändern sich die Reaktionen? In welcher Weise? Auch wenn es dir anfangs schwerfällt: Beiß dich da durch. Du weißt schon, was jetzt kommt: Wenn du dir nicht zuhören willst, warum sollen andere es tun?

Mindset

Wie immer, wenn etwas Anständiges herauskommen soll, hängt das Ergebnis maßgeblich davon ab, was hineingegeben und wie es verarbeitet wird. Bei unserer Pflanze sorgen eine angemessene Umgebung und günstige Wetterverhältnisse für gutes Wachstum. Auch Dünger in regelmäßigen Abständen hilft. Aber was passiert, wenn du alles einfach ohne Maß und Ziel auf das Pflänzchen kippst und es stürmt, hagelt oder schneit? Es wird eingehen und ist zur Unscheinbarkeit verdammt unter einer Menge Mist.

Übertragen auf deine Stimme sorgt das Leben für stets wechselnde Wetterverhältnisse inklusive Dünger. Dein Mindset ist verantwortlich dafür, wie du alles verarbeitest. Wie gehst du mit alldem um, was tagtäglich auf dich einströmt? Reflektierst du oder konsumierst du nur? Was lässt du überhaupt an dich heran und was gar nicht? Auch und gerade in Sachen Mindset gilt: Nicht jedes vermeintlich schlechte Wetter schadet und nicht jeder Mist ist Dünger.

Überall Stimmen

Ja, sie ist schon recht laut, unsere Welt. Ich habe ständig Stimmen im Kopf, kann sie immerzu und überall hören. Für diese Aussage hätte man mich vor nicht einmal 100 Jahren wahrscheinlich weggesperrt, zum Schutze der Öffentlichkeit oder aus ähnlichen Gründen. Doch wer heutzutage am öffentlichen Leben teilnimmt, wird unweigerlich von Stimmen eingehüllt, ganz gleich, ob sie sprechen oder singen, rufen, flüstern, quäken oder schreien. Zu jeder Tages- und Nachtzeit werden wir an beinahe jedem Ort in irgendeiner Form beschallt oder können uns beschallen lassen.

Das beginnt beim Radiowecker am Morgen und geht weiter mit der schnellen Sprachnachricht auf der Toilette, den viel zu laut geregelten Kopfhörern im öffentlichen Nahverkehr und den mitteilsamen Kollegen. Von der schlecht eingepegelten Warteschleife eines Geschäftskontakts über den lauten Werbebildschirm im Supermarkt, in dem man noch schnell ein paar Scheiben Wurst für das Abendessen ergattern will, bis zu Videos in den sozialen Medien: Stimmen. Immer und immer wieder. Und wenn mal keine Stimme dabei ist, dann plärrt zumindest Musik.

Man muss schon einiges unternehmen, um waschechte Stille um sich zu haben. Aber wer macht das schon? Zu verlockend sind sie, all diese Stimmen. Manche von ihnen stechen hervor, bilden die Eisbergspitzen im aufgewühlten Medien-Meer, das uns umstürmt. Mal bilden sie die wohlschmeckenden Früchte in der BlaBla-Bowle, die unsere Sinne benebelt. Viel zu oft sind sie jedoch lediglich wie moosbewachsene Äste, die uns trügerischen Halt versprechen, wenn sie den klebrigen Medien-Morast weithin sichtbar überragen. Ich könnte noch stundenlang Bilder wie diese suchen, aber ich denke, du weißt längst, worauf ich hinauswill.

Nein, schön sind die Stimmen beileibe nicht alle, aber das wollen sie auch gar nicht sein. Auffallen um jeden Preis ist das Motto unserer Zeit. Nur: Wenn jeder die schönste Tulpe sein will, wie sollen wir die Brillanz einer einzelnen Blüte schätzen? Wir würden sie doch nicht einmal finden, wenn wir gezielt nach ihr suchten.

Aber das müssen wir auch gar nicht. Schließlich findet sie ja uns. Rund um die Uhr sind wir auf Empfang geschaltet, konsumieren, lassen uns berieseln. Je nachdem, wie uns eine Darbietung berührt, reagieren wir, wenigstens auf den Social-Media-Plattformen, mithilfe der altbekannten unterschiedlichen Buttons. Und falls diese nicht ausreichen sollten, steht uns noch ein ungeheures Arsenal an weiteren Emoticons zur Verfügung. Das ist eine auf den ersten Blick effizient anmutende Art der Kommunikation – elektronisch, praktisch, gut.

Aber schon auf den zweiten Blick fängt das Image an zu bröckeln. Denn wollen wir selbst nicht auch gehört werden? Natürlich wollen wir das. Also halten wir uns dann und wann die Handykamera ins Gesicht und zeigen uns bei dem, was wir gerade tun oder zumindest vorgeben zu tun. Oder wir richten die Kamera auf Vorgänge, die uns bewegen und die wir unmittelbar mit aller Welt teilen wollen. Das kann z. B. unser Essen, die schöne Aussicht, das Wetter oder etwas anderes sein. Dann freuen wir uns über jeden Klick und schwimmen für kurze Zeit auf der großen Welle mit.

Traditionell sind jene Posts am erfolgreichsten, die andere Menschen berühren, ob lustig, actiongeladen, traurig, talentiert oder auf andere Art spannend. Wer die größten Emotionen auslöst, hat schon gewonnen. Um die Signalwirkung noch zu verstärken, kommen stimmungsgeladene Musik, oftmals drastische Bilder und natürlich tonnenweise Emoticons zum Einsatz. Auch das ist ein Impact, nur eben ein elektronischer.

Dann gibt es da noch das richtige Leben. Um wie viel leichter wäre es doch, könnten wir Vorgesetzten, Mitarbeitern und Kunden lediglich ein paar Smileys schicken? Ein Smiley aus der Chefetage bedeutet »toll gemacht«, ein enttäuschter Smiley »nicht so prickelnd«, und wer den bösen Smiley sieht, muss um den Job bangen.

Aber wäre das tatsächlich einfacher? Auf Dauer würde uns doch etwas fehlen: die menschliche Komponente. Nur genau die trainieren wir uns allmählich ab oder verlernen sie so nebenbei, Social Media sei Dank. Nein, keine Bange, das soll gar keines dieser Generation-X-klagt-über-Social-Media-Lamentos sein. Ich selbst bin ihnen ja auch verfallen und zähle zweifellos zum aktiven Teil der viereinhalb Milliarden Menschen, die sich der unterschiedlichsten Plattformen regelmäßig bedienen und dabei auch noch Spaß haben. Aber es steckt eben nicht nur Nutzen darin.

Ein großes Stichwort unserer Zeit ist ja KI – also die künstliche Intelligenz, im englischen Original auch als AI (Artificial Intelligence) bekannt. Waren zunächst hauptsächlich das Militär und schließlich auch die Autoindustrie die Hauptnutznießer, so hat sich seit der Freigabe von ChatGPT der Boom verselbstständigt und derart vervielfacht, dass es mitunter sogar schwerfällt, menschliche Leistung und KI sauber zuzuordnen. Auch im sprachlichen Bereich tut sich da einiges.

Daher wundert es gar nicht weiter, dass in meinem Berufsfeld als Sprecher eine der größten Ängste darin besteht, durch computergenerierte Stimmen abgelöst zu werden. In nicht wenigen Fällen setzen ehemalige Kunden heute ganz regulär KI-Stimmen ein. Durch die rege Nutzung steigt die Lernkurve noch steiler an. Vor allem Sprache steht heute so vielfältig zur Verfügung wie nie zuvor in unserer Geschichte. Damit ist klar: Die Aufträge für die Stimmen echter Menschen aus Fleisch und Blut werden weiter schwinden. Ob ich davor Angst habe? Gegenfrage: Würde es denn etwas ändern? Was ändert Angst generell? Wenn ich allein überlege, was sich seit Beginn meiner Sprecherlaufbahn am Markt alles verändert hat, könnte mir bereits schwindelig werden.

Anfang der 1990er-Jahre war es völlig normal, dass selbst bei kleineren Produktionen regionaler und sogar lokaler Werbespots immer der Kunde persönlich und mindestens noch ein Vertreter der bearbeitenden Werbeagentur bei der Sprachaufnahme im Studio persönlich anwesend waren. Man traf sich, unterhielt sich und trank erst einmal die eine oder andere Tasse Kaffee zusammen, während man sich über das Projekt austauschte. Nicht selten entstand im persönlichen Gespräch noch die eine oder andere Idee für einen nächsten Spot oder gar eine Variante, die man dann im Anschluss direkt auch noch aufzeichnete.

Natürlich gibt es auch heute Produktionen, bei denen es im Studio voll wird. Aber sie sind eben deutlich seltener. Wenn überhaupt, schalten sich die Auftraggeber in der Zwischenzeit über verschiedene Tools live dazu. Der große Vorteil liegt in der ungeheuren Geschwindigkeit, in der Produktionen heute umgesetzt werden können. Da fährt, geschweige denn fliegt, kaum mehr jemand durch die halbe Republik, um live dabei sein zu können. Durch reichlich dicke Datenleitungen lassen sich selbst im in technologischer Hinsicht noch immer rückständigen Deutschland Sprechverbindungen etablieren, die sich klanglich vom persönlichen Kontakt kaum mehr unterscheiden.

Natürlich stellen die findigen Sparer unter den Kunden längst die Frage: Wenn man schon die Reisen und damit die erforderliche Zeit auf ein Minimum reduzieren kann, wie viel mehr könnte man noch sparen, verzichtete man ganz auf Stimmen echter Menschen? Es ist alles nur noch eine Frage der Zeit. Eher früher als später wird die Spielwiese für Sprecher auf einen kläglichen Rest zusammenschrumpfen. Erklärfilme, Industriefilme, Werbespots, ja sogar Dokumentationen und Hörbücher lassen sich alle dank KI zeit- und kosteneffizient erstellen. Super, könntest du dir jetzt denken. Dann brauche auch ich ja bald gar nicht mehr selbst zu kommunizieren, das funktioniert alles über Algorithmen und Elektronik. Doch Vorsicht: Das ist ein Denkfehler! Natürlich haben wir hervorragende Sprachassistenten verschiedenster Machart, die uns schon heute im Alltag unterstützen. Aber wer entscheidet über das Weiterkommen im Beruf? Wer führt die Mitarbeiter eines Unternehmens? Wer lobt für erreichte Ziele und tadelt für verpasste Chancen? Wer entscheidet darüber, ob die angedachte Finanzierung auch tatsächlich stattfindet, und wer lässt dich auf deinem Weg durch die Business-Welt hinderliche Glaubenssätze überdenken und in positive verwandeln? Und, wenn du dann mal Zeit privat verbringst, mit wem führst du ein glückliches Leben? Richtig: Menschen sind da die entscheidenden Faktoren.

Die Qualität jeder direkten beidseitigen Kommunikation zwischen Menschen steht und fällt mit der Qualität unserer zwischenmenschlichen Fähigkeiten. Denk an meine Frage, die ich dir eingangs stellte: Wie viel kostet dich deine Art zu sprechen? Ich würde an deiner Stelle die menschliche Stimme längst noch nicht für abgelöst erklären.

Unser Höreindruck wird maßgeblich durch die allgegenwärtigen Werbestimmen geprägt. Was wir oft genug hören, daran gewöhnen wir uns mit der Zeit. Aber weshalb solltest du genauso klingen wollen? Was geschieht, wenn du ein und denselben Song immer und immer wieder hörst, tagein und tagaus? Genau: Du wirst seiner irgendwann überdrüssig und kannst ihn nicht mehr hören. Aus diesem Grund wechselst du im Laufe deines Lebens deine Lieblingssongs ja auch recht häufig. Was also würde logischerweise passieren, hätten alle dieselbe coole Stimme? Ach so, du meinst, nur du willst sie haben und sonst niemand? Dann mach dich auf den Weg dorthin. Arbeite an deiner Stimme und mach sie einzigartiger, als sie von Natur aus schon ist. Und zwar, indem du nicht aktiv versuchst, die Stimme selbst zu ändern, sondern die Art und Weise, in der du sie einsetzt.

Mittlerweile solltest du dich ja bereits daran gewöhnt haben, dir selbst zuzuhören und dich neutral zu betrachten. Dann nimm dir jetzt nochmals deine Liste vor, in der du deine stimmlichen Eigenschaften notiert hast. Betrachte sie diesmal unter einem neuen Gesichtspunkt: Was macht deine Stimme einzigartig? Über welche besonderen Charakterzüge verfügt deine Stimme? Versuche, das erneut ganz ohne Wertung herauszuhören. Das ist erst mal gewöhnungsbedürftig, dessen bin ich mir bewusst. Doch sperr zusätzlich deine Ohren im Alltag auf. Hör auch deinen Mitmenschen zu und mach dir aktiv ein Bild davon, wie ihre Stimmen auf dich wirken. Wem hörst du besonders gern zu? Woran liegt das? Wem hörst du nicht gern zu? Und weshalb ist das der Fall?

Finde Kriterien, um deine Hörwelt zu kategorisieren. Mir macht es beispielsweise schon seit meiner Jugend unheimlich viel Spaß, mich in ein Straßencafé zu setzen und einfach Menschen zu beobachten. Hast du das schon einmal gemacht? Natürlich hast du bestimmt schon unter freiem Himmel ein kaltes oder warmes Getränk genossen. Aber mach das einmal nicht zum Zweck der Nahrungsaufnahme und auch nicht in Gesellschaft, sondern ganz allein. Öffne deine Augen und Ohren. Wenn du das aufmerksam betreibst, lernst du eine ganze Menge über Körpersprache und Ausdruck.

Wie reagieren Menschen in verschiedenen Situationen? Faszinierend finde ich es immer, dass manche derart laut erzählen und fast das gesamte Lokal allein unterhalten, während andere sich schon schämen, wenn sie einmal hörbar hüsteln. Auch das ist alles eine Frage der Einstellung sowie der Selbstwahrnehmung.

Schreib deine Beobachtungen auf. Notiere vor allem, was dich besonders beeindruckt. Und wann immer du das Gefühl hast, du nimmst eine Eigenschaft wahr, die du gern an dir sähest, dann halte auch das schriftlich fest. Entwirf ruhig einmal ein Idealbild von dir und deiner Stimme. Welche Skills willst du dir aneignen? Ich habe dir erneut eine Doppelseite dafür freigehalten. Mach nur keinen Roman draus. Mir hilft es immer viel mehr, Dinge, die ich erreichen will, einfach aufzuschreiben, ohne alles unnötig aufzugliedern. Geh aufmerksamer durch die Welt, als du es jemals vorher getan hast.

Trau dich auch, dein Handy zur Seite zu legen und nicht die ganze Zeit auf Facebook, Instagram und TikTok zu stöbern. Um dich herum sind reale Menschen, die weitaus spannender sind als alles, was dir im Internet vorgegaukelt wird. Die Versuchung, trotzdem alles zu lesen und zu kommentieren, verstehe ich. Doch da du als Mensch in der Realität mit Menschen kommunizieren willst, bleibt dir gar nichts anderes übrig, als dich mit der Realität auseinanderzusetzen. Das packst du schon. Vielleicht erlebst auch du dann dieses ganz andere, neue Gefühl der Freiheit. Denn alles, was du über Social Media aufsaugst, mag zwar ebenfalls spannend und interessant sein, führt aber in eine emotionale Abhängigkeit. Ich führte früher regelmäßig Diskussionen im Netz mit Menschen, die ich nicht kannte, über Themen, die ich ohnehin nicht ändern konnte. Einfach nur um der Diskussion willen und immer in der stillen Hoffnung, auf eine Person zu treffen, die sagen würde: »Hey, das ist ja ein super Standpunkt. Du hast recht und ich widerrufe alles, was ich an Mist zu diesem Thema rausgeblasen habe.«

Dreimal darfst du raten, wie oft das schon vorkam ... Wahrscheinlich genauso selten wie bei dir. Aber genau durch solche Diskussionen raubst du dir Lebenszeit und heizt dich emotional unglaublich auf, selbst wenn du vielleicht das Gefühl hast, dem sei nicht so. Ich habe es selbst erfahren und mich im Eiltempo weiterentwickelt, sobald ich diese Mechanik durchschaut hatte.

Welche sprachlichen/kommunikativen Eigenschaften nimmst du bei anderen wahr? Welche davon willst du selbst gern nutzen? Ich wünsche dir viel Spaß und tolle Erkenntnisse beim Beobachten deiner Mitmenschen und ihrer kommunikativen Gewohnheiten.

Zielsetzung

Mit den richtigen Grundlagen beschleunigst du dein Wachstum und du setzt dir Ziele. Wohin willst du im Leben? Einiges hast du dir in den letzten Kapiteln bereits notiert. Aber ist da vielleicht noch mehr? Was willst du mit deiner Stimme erreichen? Die grobe Idee deines höheren Ziels hast du bereits im Kopf. Du wirst jedoch stets auch die Erfahrung machen, dass sich deine Ziele im Lauf der Zeit verändern, anpassen und vielleicht sogar noch größer werden. Wer weiß das schon?

Sicher ist: Du möchtest andere begeistern und etwas von dir weitergeben. Darum: Aufwärts soll es gehen. Doch bis zum Erreichen deiner vollen Strahlkraft liegt noch ein gutes Stück Weg vor dir.

Übertragen auf unsere Pflanze werden deine Ziele durch den Halm symbolisiert. Er sollte flexibel sein, damit das Wetter uns nichts anhaben kann. Gleichzeitig ist wichtig, dass er auch stark genug ist, um später einmal die prächtige Blüte in ihrer ganzen Strahlkraft tragen zu können. Ob er nun kerzengerade gen Himmel strebt oder sich dann und wann aufspaltet, um eine noch vielfältigere Blütenpracht darbieten zu können, wird sich zeigen. Jede Ausprägung hat ihre ganz eigene Magie. Lass uns also nun über deine Zielsetzung sprechen.

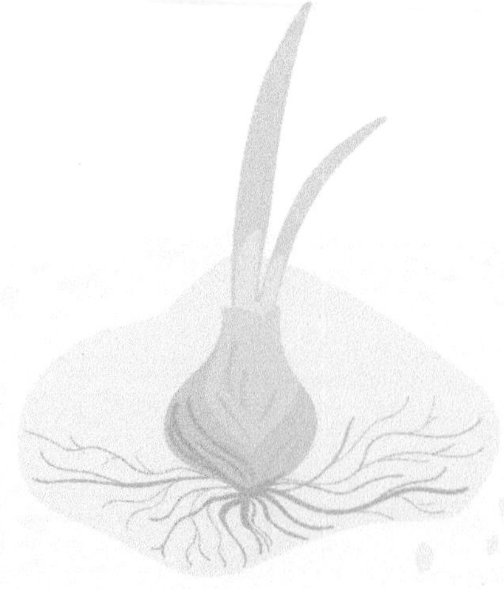

Raus aus der Schaumkrone

Vielleicht hast du schon einmal Urlaub am Strand gemacht und das Treiben in und auf dem Wasser beobachtet. Da gibt es Menschen, die finden es lustig, wenn große Wellen kommen und sich mit allen anderen herumwirbeln zu lassen. Es ist tatsächlich beeindruckend, welche Kraft diese Wellen haben und wie leicht sie uns vom Boden heben und einige Meter weit tragen können. Gleichzeitig, und dessen sind sich viele gar nicht bewusst, tragen sie uns nicht immer nur in Richtung Strand, sondern verfügen auch über die Macht, uns weiter hinauszureißen, ins offene Meer. Immer wieder hört man von solchen Badeunfällen, bei denen Urlauber Strömungen unterschätzen oder erst viel zu spät wahrnehmen.

Im Grunde ist das unsere aktuelle Situation im Hinblick auf die sozialen Medien, wie ich sie ein paar Seiten zuvor beschrieb. Wir schwimmen dort, im übertragenen Sinn, irgendwo inmitten der Schaumkrone und lassen uns medial mitreißen. Aber es gibt eben auch all jene, die ihre Bretter auspacken und obenauf mitschwimmen. Sie haben gelernt, die Wellen zu reiten und diese ungeheure Energie für ihre eigenen Zwecke zu nutzen. Zwar unterwerfen sie sich noch immer denselben Gesetzen wie alle anderen um sie herum, werden aber nicht hilflos fortgespült. Stattdessen nehmen sie aktiv Einfluss auf ihre Richtung, während sie obenauf sind. Von dort haben sie zudem einen besseren Überblick und verfügen über wesentlich mehr Bewegungsfreiheit.

Kurzum: Diese Menschen sind sich bewusst, was um sie herum passiert. Dieses Bewusstsein hilft dir auch in unserer medial überfluteten Welt weiter. Solange du dich einfach mitreißen lässt, befindest du dich in einem passiven Zustand. Der Politiker Rainer Barzel hat schon in den 1970ern erkannt: »Wer nicht handelt, wird behandelt.«[4] Durch Passivität, auch gedanklicher Natur, beraubst du dich deiner freien Entscheidung. Selbstverständlich kannst du auch in diesem Zustand eine Menge Spaß haben, aber du willst ja deine Welt aktiv gestalten und selbst gehört werden. Solange du allerdings in der Masse mitschwimmst, geht deine Stimme zwischen all den anderen unter. Als ich anfing, meine täglich konsumierten Inhalte zu hinterfragen und systematisch zu ignorieren, war das wie ein Befreiungsschlag. Mit einem Mal saß ich nicht mehr stundenlang einfach nur herum, las unnötige Kommentare und diskutierte irrelevante Sachverhalte mit Menschen, die mich nicht interessierten. Ich stellte fest, wie sehr ich mich in all den früheren Jahren auch emotional davon hatte mitreißen lassen.

Klar lese ich noch immer gern allerlei Posts und schaue mir Videos an. Aber das mache ich eben nur, wenn deren Inhalte mich wirklich interessieren, und längst nicht mehr in jenem selbstzerstörerischen Ausmaß wie früher. Hat das Thema für mich Relevanz? Bringt mich dieses Wissen weiter im Hinblick auf meine Ziele oder wenigstens herzlich zum Lachen? Dann her damit. Nein? Dann weg damit. Mit einem Mal hatte ich viel mehr Zeit und auch die Kraft für meine eigenen Ziele. Ich hatte quasi Wellenreiten gelernt und mich aus der Schaumkrone nach oben gearbeitet. Stimmlich hatte dieser Schritt ungeheure Auswirkungen. Durch den Wegfall der andauernden Reizüberflutung lösten sich binnen weniger Tage sogar Anspannungen im Körper, gerade auch muskulärer Natur. Ich war bereit, mich ganz anders auf meine Umwelt einzulassen, fand zu meinem alten empathischen Selbst zurück, ohne das Gefühl zu haben, ständig das Leid der Welt mittragen zu müssen. Mein Blick wurde für das Wesentliche geschärft. Dadurch veränderten sich auch meine eigenen Posts.

Ich handelte viel bewusster. Da brannte nicht mehr die Gischt der Schaumkrone in den Augen, meine neue Perspektive eröffnete mir völlig neue Aussichten auf meine Ziele. Bewusstsein statt Ohnmacht. Aktive

Entscheidung statt Passivität. Um nicht nur gehört, sondern auch verstanden zu werden, brauchst du eine Stimme (die du ja ohne Zweifel hast) und die Fähigkeit, das, was du ausdrücken willst, entsprechend zu verpacken. Dabei helfen dir vier einfache Fragen.

Die Fragen

Seit Jahren hängen diese vier Fragen immer sichtbar an meinem Rechner. Und im Grunde sind sie so logisch, dass du fast selbst darauf kommen könntest. Besonders an dieser Stelle ist mir wichtig, dass du nicht nur den Wortlaut kennst, sondern auch verstehst, was sie so besonders macht.

Machen wir also einen Ausflug auf die Bretter, die die Welt bedeuten. Genau dort liegt ihr Ursprung. Ich brauchte Jahre, um sie dem Theaterkontext zu entreißen und mir bewusst zu werden, dass sie absolut jeder Kommunikation voranzustellen sind.

Stell dir vor, du betrittst eine Bühne. Noch ist der Vorhang geschlossen und das Raunen des Publikums dringt gedämpft durch den dicken Stoff nach hinten zu dir in den Bühnenraum. In wenigen Sekunden wird sich der Vorhang heben und dein Auftritt beginnt. Was machst du in diesem Moment? Eine der ersten Antworten ist meist: »Ich habe ja meine Inhalte gelernt. Dann geh ich halt jetzt raus.«

Okay, rein technisch betrachtet mag das der logische Ablauf sein. Aber allein auf die Inhalte kommt es nicht an. Möchtest du dich noch einmal leise räuspern oder etwas trinken? Das ist alles fein und bestimmt auch richtig. Aber wenn du deine Rolle nur am Text festmachst, dann sind wir beim Vortrag von Kindergedichten an Heiligabend. Sie werden meist im Turbomodus heruntergerattert und fertig. Und die Verwandtschaft kann nur deshalb geistig folgen, weil sie selbst ja auch mal diese Gedichte vorgetragen hat.

Kennst du das? Egal, wie die lieben Kleinen ihre Verse aufsagen, wird die Verwandtschaft dennoch in jedem Fall mit Tränen der Rührung dasitzen und danach begeistert applaudieren. Einfach, weil es sich so gehört. Und die lieben Kleinen rattern ihre Texte herunter, weil sie danach einerseits gelobt werden und, noch viel wichtiger, Süßigkeiten und/oder Geschenke bekommen. Nein, ich bin nicht der ernst guckende Onkel, der den Vortrag der Patentochter danach fachlich auseinandernimmt. Ich klatsche natürlich auch und lobe sie ausgiebig, weil es eben so unglaublich niedlich ist, wie sie Gedichte vorträgt. Doch im Allgemeinen verlieren wir unseren Niedlichkeitsbonus allerspätestens mit der Pubertät und die Menschen um uns herum erwarten, dass wir produktive Mitglieder der Gesellschaft werden. Dann ist es höchste Zeit, sich Gedanken zu machen, wie wir unsere Inhalte so vermitteln, dass all jene, für die sie bestimmt sind, auch einen Nutzen davon haben. Kurz: Es geht darum, dass sie die Infos verstehen.

Auch dafür hast du im Vorfeld bereits Sorge getragen und dich gewissenhaft vorbereitet. Trotzdem fehlt noch ein kleines, aber feines Detail ganz abseits aller augenfälliger Äußerlichkeiten. »Ja, wenn ich da gleich rausgehe: Wer bin ich eigentlich?« Daumen hoch, mindestens einen, meistens sogar zwei, wenn ich nicht gerade Stifte in der Hand halte. Denn genau darum geht es: Wer bin ich denn eigentlich, wenn ich gleich auf die Bühne oder in meinen Vortrag gehe? Bin ich »ich« oder bin ich jemand völlig anderes? **Wer** bin ich?

Zugegeben, kurz vor dem Auftritt bleibt dir in der Regel nicht genügend Zeit, diese Frage noch einmal grundlegend zu reflektieren. Deshalb rate ich dir, sie schon viel früher zu stellen, beispielsweise wenn du deine Inhalte vorbereitest. Spätestens dann sollte es passieren. Denn die Antwort auf diese Frage kann Sachverhalte grundlegend ändern. Und vielleicht erkennst du allein jetzt schon ihre Relevanz in so ziemlich jeder einzelnen Alltagssituation. Wer bin ich als Person? Welche Eigenschaften und Merkmale definieren mich?

Direkt danach folgt auch schon die logische zweite Frage: Was bin ich? Welche Rolle oder Position erfülle ich gerade? Wie kann ich meine Identität und Erfahrung nutzen, um eine Verbindung zu meinem Publikum herzustellen? Das ist ein ganz wesentlicher Punkt. Denn je nachdem, wem du was präsentierst, trittst du entweder auf Augenhöhe vor deine Zuhörenden oder von oben, respektive von unten. Alles steht und fällt mit der Rolle, die du einnimmst. Es macht nachvollziehbar einen Riesenunterschied, ob dein Publikum anwesend ist, weil es muss, oder ob es aufmerksam zuhört, weil es das will.

Eng damit verbunden ist Frage Nummer drei: Wo komme ich her? Komme ich gerade aus einer nervenaufreibenden Verhandlung oder habe ich mich erst vor fünf Minuten murrend aus dem Bett gequält? Und wie wurde ich eigentlich die Person, die ich heute bin? Das »Woher« bezieht stets auch die Frage nach den eigenen Wurzeln mit ein. Verleugnest du deine Wurzeln oder spürt dein Gegenüber, woher du kommst? Mit jeder dieser so wichtigen und ehrlich beantworteten Fragen schärfst du die Konturen deines Auftritts ungemein.

Ist dir schon klar, was die vierte Frage ist? Na klar: Wo will ich hin? Welches konkrete Ziel verfolgst du? Im persönlichen Gespräch mit Kollegen ebenso wie vor Publikum auf der Bühne gibt dir diese Frage noch den berühmten finalen Schliff.

Beantwortest du all diese Fragen ehrlich und vor allem rechtzeitig, wirst du anders auftreten, das verspreche ich dir. Dann bist du nicht nur irgendwer, der halt gerade um die Ecke kommt. Nein, du weißt, wer und was du bist, woher du kommst und wohin du willst. Sie sind ein wesentlicher Bestandteil der Strahlkraft, die auch du vielleicht schon bei jenen so erfolgreichen Menschen gespürt hast, die du dir gern zum Vorbild kürst. Ich behaupte: Ein gestandener Unternehmer bzw. eine gestandene Unternehmerin kann dir alle vier aus dem Stegreif beantworten.

Mach auch du sie dir zu eigen. Anbei findest du die vier magischen Fragen noch einmal zum Mitschreiben:

- **Wer** bin ich?
- **Was** bin ich?
- **Woher** komme ich?
- **Wohin** will ich?

»Mitschreiben« meine ich wörtlich: Notiere sie dir und häng sie dorthin, wo du sie immer im Blick hast. Bei mir hängen sie seit vielen Jahren am Bildschirm, stets in meinem Blickfeld.

Den Schauspielbühnen dieser Welt habe ich bereits im Oktober 2000 aus vielerlei Gründen den Rücken gekehrt. Doch die vier Fragen begleiten mich immer noch auf Schritt und Tritt – ob ich im Studio spreche, telefoniere oder nur in der Stadt shoppen will. Wenn ich arbeite, wenn ich schreibe, wenn ich spreche, dann sehe ich diese Fragen direkt vor mir.

Was aber hat dein Alltag mit der Bühne gemeinsam? Sollst du anderen alles etwa nur vorspielen? Die Antwort ist nicht ganz eindeutig: Wenn du möchtest, spiel den anderen etwas vor. Wenn du deine Rolle überzeugend darbietest, wirst du damit auch etwas erreichen.

Doch meiner Meinung nach ist die Auswirkung dieser vier Fragen größer, wenn du dir mit ihrer Hilfe offen und ehrlich bewusst machst, wo du stehst und was genau deine Ziele sind. Ein Politiker, der sich bewusst ist, welchen Stellenwert er für seine Wählerschaft hat, wird andere Reden halten als einer, der sich nie selbst reflektiert. Der Unternehmer, der sich Gedanken darüber macht, wo seine Wurzeln liegen und wohin er sein Geschäft und seine Belegschaft führen will, wird anders agieren und sprechen als einer, der nur ohne Plan und Ziel immer der nächsten fixen Idee verfällt. Der Angestellte, der in die Führungsebene aufsteigen will, wird dies wahrscheinlich leichter schaffen, wenn er stets reflektiert, was er bisher gelernt hat, und sich dabei immer wieder neu auf sein großes Ziel ausrichtet.

Das hat auch immer viel mit einer Positionsbestimmung in der Wildnis gemeinsam. Ohne das Wissen um Ursprung und Ziel könntest du tagelang im Kreis laufen und würdest es wahrscheinlich nicht einmal mitbekommen. Warum sollte es sich mit deiner Kommunikation anders verhalten? Stell dir also fortan in jeder Situation diese vier Fragen.

Kommt dir das fast zu simpel vor? Das liegt wahrscheinlich daran, dass es das tatsächlich ist. Meistens kommen wir aber nicht auf die einfachsten Dinge, weil sie so offensichtlich sind. Ich war gerade einmal 15 Jahre jung und frischgebackener Profisprecher, als meine Lehrerin Heidrun Müller-Graf mich das erste Mal mit den Fragen im Rahmen meines Rollenstudiums konfrontierte. Ich gebe zu, ich war seinerzeit durch Schule und so viel Neues überfordert und leicht verwirrt – zu sehr, um ihnen mit dem gebührenden Ernst zu begegnen. In welchem Ausmaß diese Fragen mein Leben bestimmen würden, ahnte ich damals noch nicht. Doch als ich sie mir bewusst machte und sie tatsächlich wie eine Art Mantra im Alltag einsetzte, erfuhr ich ihren durchschlagenden Effekt.

Wahrnehmung

Deine Ziele hast du. Doch pures Sendungsbewusstsein, auch bekannt als Zielstrebigkeit, wird dich in Sachen Kommunikation nicht allzu weit bringen. Um zu erfahren, was dein Gegenüber von dir benötigt, brauchst du deine Wahrnehmung. Bei unserer Pflanze sind es die Blätter, die diese Aufgabe übernehmen. Über sie werden die Umgebungsreize aufgenommen, um schließlich in ihrem Inneren verarbeitet zu werden.

Deine persönlichen Blätter sind die in Sachen Kommunikation wichtigsten beiden Sinne: Hören und Sehen. Für die richtige Zuordnung in deinem Inneren sorgt deine Empathie. Du sagst, du bist kein sonderlich empathischer Mensch? Ich sage: noch nicht. Denn auch das kannst du lernen. Wusstest du, dass die besten Kommunikatoren auch stets die besten

Adaption oder Tagesform?

Warum klingst du je nach Situation anders? Bekäme ich jedes Mal, wenn mir jemand diese Frage stellt, einen Euro, was wäre das für ein lukratives Nebeneinkommen. »Wenn ich dich im Fernsehen oder im Radio höre, dann klingst du viel tragender. Aber jetzt, wenn wir uns unterhalten, dann klingst du so normal. Gar nicht wie ein Sprecher. Wird da so viel dran rumgeschraubt bei der Produktion?« So oder ähnlich höre ich das andauernd. Lustigerweise war mir das über lange Zeit gar nicht richtig bewusst. Der kleine Schalter im Hinterkopf, wie ich ihn nenne, funktioniert völlig automatisch. Da wird aus dem bassigen Bariton in der direkten Unterhaltung plötzlich der nette Mensch von nebenan; the Voice wird zu Citizen H(elge) oder Ähnliches. Natürlich wird im Rahmen der Postproduktion, also der tontechnischen Nachbearbeitung, noch der eine oder andere Regler gedreht, damit gewisse Frequenzen satter klingen und andere wiederum nur noch gedämpft vorhanden sind. Aber wäre das schon die volle Wahrheit, wo bliebe denn die Kunst beim Sprechen? Ich meine, wäre es nicht deprimierend, läge alles nur am Geschick des Produzenten?

Damit wir uns hier richtig verstehen: Selbstverständlich steht und fällt die Güte einer Produktion mit dem Können des verantwortlichen Tonmeisters. Allerdings liegt sein Hauptaugenmerk auf dem einwandfreien Zusammenspiel der einzelnen Komponenten: Musik, Effekte, Geräusche, Stimmen. Sein Job ist es, sie alle zu einem harmonischen Ganzen zu vereinen, ihnen den letzten Schliff zu geben, Brillanz zu schaffen. Er druckt, im übertragenen Sinne, das auf Hochglanzpapier, was ohne ihn vielleicht lediglich der Tintenstrahl auf Recyclingpapier wäre. Aber unterm Strich ist jede Produktion trotzdem qualitativ nur so erlesen wie die verwendeten Zutaten. Das kannst du auch beim Kochen erleben. Aus minderwertigen Zutaten kannst du einiges zaubern, doch wenn von Anfang an alles zusammenpasst, wird es ein Meisterwerk.

Und so fällt dem Sprecher eben die Aufgabe zu, dem Spot oder der Produktion eine Bestimmung zu geben. Würde der »Beste Laune Reisespot« mit der Hingabe eines badischen Postbeamten gesprochen, so fürchte ich, könnte der Tonmeister noch so viele Regler drehen, das Endprodukt wäre für die Tonne.

Okay, der Sprecher ist also für die Bestimmung und die richtige Richtung zuständig. Das passiert im Studio. Aber was läuft denn außerhalb des professionellen Umfelds? Da will ich persönlich mich normal unterhalten. Und es liegt mir fern, die Geschicke einer jeden Unterhaltung an mich zu reißen und zu lenken. Irgendwann ist ja auch mal gut mit dem Dasein als Sprechprofi und Zeit, Mensch zu sein. Wäre es nicht befremdlich, tönte ich die ganze Zeit mit derselben Stimme, in der ich Dokus erzähle, Produkte anpreise und Warteschleifen spreche? Mal ehrlich, das wäre doch anstrengend, oder?

Kommen wir nochmals zur entscheidenden Frage, dem »Warum«. Im Rahmen einer normalen Unterhaltung sehe ich es nicht als meine Aufgabe, dir Inhalte zu vermitteln. Da bin ich nicht nur Sender, sondern eben Sender und Empfänger gleichermaßen. Gleichzeitig sehe ich keine Notwendigkeit, jedem in jeder normalen Unterhaltung direkt aufs Auge zu drücken: »Übrigens, ich bin Sprecher. Hörst du, hörst du, hörst du? Los, frag mich schon spannende Details über meinen Job ...« Nur stelle ich tatsächlich genau das bei Profisprechern, aber auch bei Menschen mit besonders auffälligen Stimmen immer wieder fest.

Vor vielen Jahren hatte ich ebenfalls den Anspruch an mich selbst, jeder Mensch, mit dem ich mich unterhalte, müsse auf Anhieb merken, wer ich bin und was ich beruflich mache. Ich will das an dieser Stelle auch eher als wertfreie Beobachtung verstanden wissen und weniger als Kritik an Kollegen. Aber vor einigen Jahren stellte ich mir eben die Frage, wie ich mich meiner Umwelt präsentieren will. Es ist zwar schon einige Jahre her, aber ich erinnere mich lebhaft an die Zeit, als ich das noch anders sah. Gegen Ende der 1990er-Jahre betrachtete ich es als meine heiligste Pflicht, jedem Mitmenschen auf Sicht- bzw. Hörweite meine Profession zu verkünden. Ich trug damals sogar häufig einen langen schwarzen Mantel samt weißem Schal und nahm an, als aufstrebender Jungschauspieler gehöre sich das so. Und ich wärmte meine Stimme intensiv auf, bevor ich das Haus verließ. Sie musste sitzen, auf dass ich schon beim schlichten Einkauf an der Bäckertheke die Auswahl meiner Brötchen in baritonalem Wohlklang zu verkünden in der Lage wäre. Ich führte weiß Gott nicht gerade viele normale Gespräche damals. Zumindest dauerten sie nicht lange, was mich anfangs eher wunderte, hielt ich mich schließlich für Gottes Geschenk ans Abendland und damit fast schon verpflichtet, Sprachkultur in höchster Vollendung auszustrahlen.

Doch was ich tatsächlich ausstrahlte, war neben einer gehörigen Portion Arroganz stimmliche Überlegenheit. Und wer unterhält sich schon gern länger als nötig mit einem Menschen, dem die Sonne aus dem Rachen strahlt? Das blendet doch. Zum Glück wurde ich eines Tages geerdet, als jemand fragte, ob es mich bitte auch in »normal« gebe. Bei einer Unterhaltung das Gefühl zu haben, Teil einer Dokumentation zu sein, schien meinem Gegenüber nicht sonderlich verlockend. So wurde ich schlicht und ergreifend vor die Wahl gestellt: entweder zwei Gänge runterschalten oder ab auf den Highway – aber allein.

Und so fand ich den Schalter im Hinterkopf. The Voice hatte die Pausetaste entdeckt. Zum ersten Mal in meinem Leben empfand ich es als Vorteil, zwar mit einer schönen, aber eben nicht von Natur aus raumfüllenden Stimme ausgestattet zu sein.

Was aber sollen denn jene Menschen machen, die über genau solch ein Organ verfügen? Ganz sicher will ich hier niemanden zum Schweigen verdonnern. Schließlich geht es ja noch immer um Sicht- und besonders um Hörbarkeit. Die wichtige Frage in diesem Zusammenhang lautet ein weiteres Mal, wie du dich denn präsentieren willst. Wenn du es für dich als unabdingbar betrachtest, jeden Menschen durch deine Stimme zu beeindrucken, dann tu es. Doch sei dir eben auch stets bewusst, welche Wirkung du erzielst und hinterfrage dich. Auch dabei helfen dir die Fragen aus dem letzten Kapitel. Wer bist du? Wer willst du sein? Wohin soll dich die Kommunikation bringen?

Dich auf andere einlassen

Einen großen Teil deiner Wirkung auf andere kannst du also ganz bewusst steuern. Doch vielleicht hast du auch bereits mit der unbewussten Variante Erfahrungen gemacht. Wie stark sie sich bei dir auswirkt, hängt unter anderem davon ab, in welchem Ausmaß du bereit bist, dich auf dein Gegenüber einzulassen. Und natürlich davon, wie sehr du ausstrahlen willst. Der Grat zwischen aktiver und passiver Ausstrahlung ist gar nicht so schmal. Aber nach meiner Erfahrung mit unterschiedlichsten Kunden fällt es nicht allzu leicht, den eigenen Modus zu ändern. Vor allem Zeitgenossen mit in unterschiedlichster Ausprägung auffälligen Stimmen scheinen damit allerdings echte Probleme zu haben. Solltest du dich selbst zu dieser Gruppe zählen, keine Bange: Du kannst es natürlich lernen. Da du in meinem Buch schon bis hierhin vorgerückt bist, unterstelle ich dir einfach mal den Willen, auch wirklich etwas zu verändern. Doch wie eingangs schon erwähnt, mag zwar das System grundsätzlich dasselbe sein – die Hürden unterscheiden sich trotzdem.

Dass wir Menschen an sich gesellige Tierchen sind, zeigt sich unter anderem in jener Tatsache, dass wir unsere Gesprächspartner auf Gemeinsamkeiten checken. Das beginnt schon mit dem ersten Durchleuchten auf den ersten Eindruck. Sobald sich dann ein Gespräch entwickelt, treiben wir unsere Untersuchungen weiter voran, häufig sogar unbewusst. Finden wir Gemeinsamkeiten mit uns selbst, dann ist uns die Person direkt ein Stück sympathischer. Entdecken wir keine oder spüren wir gar Gemeinsamkeiten mit anderen, in unserem Kopf bereits als unsympathisch gespeicherten Menschen, dann räumen wir unserem Gegenüber auch nicht mehr wirklich viele Chancen ein.

Unser Bauchgefühl lässt uns selten im Stich – sicherte es uns doch vor vielen Tausend Jahren unser Überleben, als wir noch in freier Natur ständig durch alles Mögliche bedroht wurden. Die Bedrohungslage hat sich zwar deutlich verändert und es sind nicht mehr Bären und Bestien, mit denen wir uns im Alltag konfrontiert sehen. Aber auch heute noch wollen wir uns ja nicht einfach von unserem Gegenüber mit Haut und Haaren vereinnahmen (fressen) lassen. Wenn wir denn aber Gemeinsamkeiten finden, versuchen wir auch, uns anzupassen und so die entstehende Bindung zu stärken. Kennst du solche Situationen, in denen du dich plötzlich dabei ertappt hast, dem Dialekt deines Gesprächspartners entstammende Vokabeln in deinen eigenen Sprachfluss einzubauen? Oder dass du, solltest du selbst Dialekt sprechen, plötzlich im Businessumfeld eher hochdeutsch sprichst, während du in deiner Heimat breitesten Slang von dir gibst? Das hat mit deiner Empathie zu tun. »Gefallen wollen« ist in unserem Unterbewusstsein gespeichert, auch dann, wenn du jemand bist, der gar nicht grundsätzlich allen gefallen will.

Ich finde diese Erfahrung jedes Mal aufs Neue spannend, selbst wenn es bei mir ab und an ausartet. Da ich es liebe, Dialekte und Akzente zu imitieren (einer meiner USPs als Werbestimme), fällt mir oft gar nicht auf, wie sehr ich mich auf den anderen einlasse. Du kannst dir vorstellen, dass es auch schon den einen oder anderen fragenden Blick gab, wenn ich »in fremden Zungen« loslegte.

Denk mal an deine letzten Unterhaltungen mit neuen Bekanntschaften, ganz gleich in welchem Zusammenhang. Und betrachte vor allem die Menschen, deren Sprache sich deutlich von deiner eigenen unterschied – sei es nun durch Dialekt oder Akzent. Welcher Seite ordnest du dich eher zu? Steigst du auf dein Gegenüber ein oder ziehst du dein Ding durch wie ein Fels in der Brandung? Im ersten Fall empfehle ich dir, künftig damit zu spielen. Wie weit kommst du in Sachen Sympathie, wenn du ganz bewusst sprachliche Eigenheiten deiner Gesprächspartner aufnimmst und verwendest? Pass nur bitte auf, dass du niemals Sprachfehler imitierst. Sollte dein Gegenüber lispeln, dann fang bitte keinesfalls damit an. Das geht garantiert schief.

Bist du jedoch der Fels in der Brandung und kennst dieses Phänomen gar nicht aus eigener Erfahrung, dann sehe ich eine hohe Wahrscheinlichkeit dafür, dass du, vielleicht sogar bewusst, mehr sendest als empfängst. Beobachte dich in dem Fall bei künftigen Gesprächen ganz besonders hinsichtlich deines persönlichen Redeanteils. Überwiegst du dabei? Dann probier doch mal die andere Seite aus. Lass dich auf dein Gegenüber ein und hör einfach mal zu.

Ein Gespräch ist kein Wettbewerb und der Sinn einer ausgewogenen Kommunikation ist nie, die Gegenseite mundtot zu bekommen. Du wirst merken, dass sich Gespräche völlig anders entwickeln, als du sie bisher erfahren hast. Denk an die vier Fragen und die Antworten, die du dir darauf gibst.

Einfach mal »Ja« sagen

Solltest du dich nun gedanklich schwer damit tun, dich selbst zurückzunehmen und stattdessen auf andere einzulassen, dann habe ich noch etwas für dich. So oder so wird dir der folgende Tipp dabei helfen, besser und auch ausgewogener zu kommunizieren.

In meinen Jahren am Theater gab es einen Renner im Spielplan. Im Gegenzug zu den Stücken mit ausgefeilten und bestens geprobten Texten hielt das Improvisationstheater bei uns Einzug. Und das Publikum feierte es. Immerhin stellte diese Art der Darbietung eine echte Revolution dar – jede Vorstellung konnte sich völlig anders entwickeln. Der Ausgang war immer offen. Theoretisch hättest du jeden Tag hingehen können und doch nie zweimal dasselbe gesehen. Selbst war ich nie Teil der Improvisationsgruppe, da ich zu jener Zeit mit anderen Produktionen befasst war. Doch gehörte ich zu den regelmäßigen Besuchern der abendlichen Aufführungen, einfach weil es anders war und nie langweilig. Wenn du nun glaubst, Improvisation bedeute, es gebe keinerlei Regeln, dann täuschst du dich. Zwar gibt es in der Tat keinerlei feste Texte für das Spektakel, doch ohne Regeln herrschte auf der Bühne nur Chaos. So verständigte sich die Truppe auf gewisse Standards. Denn ein wesentlicher Teil bestand darin, dass das Publikum selbst mitwirkte: Als Ideengeber riefen sie den Darstellern immer wieder einzelne Begriffe zu, die diese dann in ihr Spiel einbauten. Das war eine ganz wesentliche Komponente des Erfolgs. Immer wieder wurde dadurch auch das Publikum selbst bzw. der Zuschauerraum Teil der Show.

Vielleicht fragst du dich jetzt, ob und wie sich die Schauspieler auf solch einen Abend vorbereiteten? Tatsächlich ähnelten die Proben eher einem Trainingslager für Wettkämpfe. So war die Probenphase auch nicht, wie bei herkömmlichen Stücken, mit der Premiere abgeschlossen.

Regelmäßig trainierten die Darsteller auch über die gesamte Laufzeit hinweg. Improvisation und vor allem Spontaneität musst du trainieren. Ähnlich wie bei einem Sport legst du an einem Tag deinen Trainingsschwerpunkt auf reine Technik. An anderen Tagen trainierst du wiederum Situationen, die dir vielleicht bei vergangenen Vorstellungen Probleme bereiteten. Die allerwichtigste Regel, die aber Improvisation überhaupt erst möglich macht und es auch dir künftig erleichtern soll, dich auf andere einzulassen, hat nur zwei Buchstaben. Sie lautet »Ja«. Sag »Ja« zu deinem Gegenüber. Es ist erst einmal ganz egal, wer da wie auf dich zukommt. In deinem Kopf erscheint ab jetzt ein großes leuchtendes »Ja«.

Dir ist hoffentlich schon klar, dass du ab jetzt nicht zum willenlosen Zombie mutieren und alles gutheißen sollst. Was ich meine, ist Aufgeschlossenheit. Sie signalisiert: Ja, ich will dich kennenlernen. Ja, ich interessiere mich für dich. Ja, wir werden uns jetzt unterhalten. Ja, ich kann etwas von dir lernen. Wenn sich die Person dann im Laufe des Gesprächs doch als für dich unerträglich entpuppt, dann darfst du freilich auch weiterhin für ein schnelles Ende sorgen und dich anderen Gesprächspartnern zuwenden. Aber selbst das wirst du ab jetzt wertschätzend und der Person zugewandt erledigen. »Ja sagen« bedeutet in meinem Kontext nicht, alles zu akzeptieren, dafür jedoch bereit zu sein für neue Erfahrungen.

Wie oft treffe ich in meinem Alltag auf Menschen, die sich ihr Urteil noch vor dem ersten gesprochenen Wort gebildet haben! Sie tun sich dann auch echt schwer, mit anderen ins Gespräch zu kommen. Irgendwie logisch, oder? Wenn du schon alles weißt, was willst du dann noch lernen? »Ja« zu sagen bedeutet aber auch vor allem: Hör zu. Wenn du immer nur selbst sprichst, dann ist das der Ausdruck eines klaren »Nein«. Du sagst damit »Nein« zum Inhalt der anderen. Dein Türöffner ist somit ab jetzt deine Aufgeschlossenheit. Sei bereit für die anderen, entdecke Gemeinsamkeiten, entwickle und stärke deine Beziehungen. Ob beruflich oder privat – du wirst auf beiden Feldern davon profitieren.

Äußere Einflüsse

Du wirst es bereits vermuten, und wenn dem so ist, dann hast du recht: Zum gelungenen Gesamtprojekt »Strahlkraft durch Stimme« tragen natürlich auch einige äußere Faktoren bei. Spätestens wenn du irgendwann tatsächlich einmal Blumen und andere Gewächse in deiner Obhut hattest, wirst du unweigerlich die Erfahrung gemacht haben, was das liebe Grünzeug so alles benötigt: Keine Pflanze wächst ohne Luft und es ist ein schmaler Grat zwischen Vertrocknen und Ertrinken. Werfen wir einen Blick auf

Stoffwechsel

Eine der wesentlichen Triebfedern unseres menschlichen Lebens ist der Stoffwechsel. Funktioniert er, geht's dir gut. Läuft er nicht so ganz rund, fühlst du dich auch nicht so toll. Fassen wir unter dem Begriff traditionell alle Vorgänge zusammen, welche die Umwandlung chemischer Stoffe innerhalb unseres Körpers beinhalten, so möchte ich ihn an dieser Stelle noch erweitern. Denn wann immer sich für mich Dinge ganz wesentlich verändert haben, war stets ein Stoffwechsel im Spiel. Nicht alle waren gut für mich, einige sogar schädlich. Und doch brachten mich, im Nachhinein betrachtet, alle weiter voran.

Ich war 15 Jahre jung, als ich beschloss, mich in Sprech- und Atemtechnik unterweisen zu lassen. Mein Plan war damals noch, ein Leben als Schauspieler zu führen, und der Unterricht erschien mir als kürzester Weg dorthin. Binnen weniger Wochen erhielt ich durch meine neu gewonnenen Mentoren Heidrun und Kurt Müller-Graf erste Aufträge beim Radio. Das bedeutete eine ganz wesentliche Veränderung meines Lebens.

Eine meiner blödesten Entscheidungen war wohl, im zarten Alter von 16 Jahren mit dem Rauchen anzufangen. Doch war ich bis dato eher ein Außenseiter gewesen, lernte ich ab diesem Zeitpunkt die geheimen Ecken rund ums Schulgelände kennen, in denen sich die vermeintlich coolen Kids trafen. Über die Gefahren, die meine Sucht nach Nikotin und Anerkennung so mit sich brachte, wusste ich zwar theoretisch Bescheid, aber praktisch war mir das zu jenem Zeitpunkt egal. Erst einmal genoss ich den plötzlichen Wandel meines Umfelds.

Die nächste Veränderung vollzog ich nur knapp zwei Jahre später: Mit 18 Jahren brach ich die Schule ab, nachdem ich die elfte Klasse wiederholt, dabei jedoch vollends den Spaß verloren hatte. Der Grund lag auf der Hand. Nicht nur stand ich bereits regelmäßig für meine dritte Produktion am Profitheater in einer Hauptrolle auf der Bühne. Ich hatte darüber hinaus auch schon meinen ersten Auftritt vor TV-Kameras absolviert und arbeitete immer wieder für verschiedene Produktionen im Tonstudio. Die fehlende Förderung meiner Talente im Rahmen des starren Schulsystems zerrten wie Blei an meinen Beinen. Noch heute bin ich der festen Überzeugung: Hätte ich mich damals nicht gegen meine Schullaufbahn entschieden, so wäre ein Unglück passiert. Gleichzeitig habe ich meinen radikalen Schritt auch nie bereut. Dies war ein gesunder Stoffwechsel.

Im Theater selbst wirkte ich im Laufe der Jahre in vielen Produktionen als Regieassistent und Schauspieler mit und war an über 1.000 Vorstellungen auf verschiedenen Bühnen beteiligt. Dennoch stellte ich mit der Zeit fest, dass nicht die Bühne allein mich anzog, sondern vielmehr das Sprechen. Also orientierte ich mich, inspiriert von einem weiteren frühen Förderer, in Richtung Radio und heuerte neben meinem Engagement am Theater dort als freier Mitarbeiter an. Schließlich vollzog ich auch hier einen Stoffwechsel. Ende 2000 kündigte ich meinen Vertrag am Theater und absolvierte ab 2001 eine zweijährige Ausbildung zum Redakteur für audiovisuelle Medien, ein Volontariat. Den Abschluss in der Tasche, fasste ich 2003 den Entschluss, mich als Sprecher hauptberuflich selbstständig zu machen. Dies war die zweitbeste Entscheidung meines Lebens, die ich auch nie bereute.

Meine beste Entscheidung traf ich noch im selben Jahr, als ich Anfang August meine letzte Zigarette ausdrückte. Seither habe ich nie wieder auch nur einen Zug genommen – intelligenter Stoffwechsel. Denn selbst dieser Schritt veränderte mein Denken in einer Weise, die ich vorher nie für möglich gehalten hätte. Ich war nicht mehr Sklave jener furchtbaren Droge Nikotin. Eines Tages beendete ich dann auch eine langjährige toxische Beziehung, der ich seinerzeit den Erwerb etlicher negativer Glaubenssätze und Magenprobleme zuschrieb. Dies war ein weiterer Stoffwechselprozess, der sich äußerst positiv auf mein weiteres Leben auswirkte und dessen Effekt bis heute anhält. Nicht zuletzt ebnete mir dieser Schritt den Weg in meine heutige Partnerschaft, für die ich jeden Tag dankbar bin.

Gleichzeitig veränderte sich aber auch mein Körperstoffwechsel über die Jahre, sodass ich einiges an Gewicht zulegte und mich vor einigen Jahren in meinem Körper nicht mehr wohlfühlte. Ich änderte dies, indem ich regelmäßige Stunden bei meinem Personal Trainer Silvio Schäfer buchte. Der sorgte dafür, dass ich wieder in Form kam und zu meiner vermissten Energie zurückfand. Über ihn und seinen damaligen Geschäftspartner lernte ich einen meiner wichtigsten Mentoren, Freddy Kremer, kennen. Von ihm stammt das Vorwort am Anfang dieses Buchs.

Darüber hinaus nahm ich die Dienste meiner Stilberaterin Evelyn Siller in Anspruch, die meinem Äußeren einen neuen Schliff und Stil verpasste. Dies war dann auch ein Stoffwechsel in seiner wortwörtlichen Bedeutung: Plötzlich trug ich andere Stoffe und durfte erfahren, wie allein das auch meine öffentliche Wahrnehmung änderte. So sehr, dass mir ein langjähriger Kunde und Freund aus heiterem Himmel eine Dozentur an der Dualen Hochschule anbot. Jede einzelne dieser Handlungen bildete einen eigenen Prozess des Stoffwechsels. Und jeder Prozess brachte neuen Schwung in meinen Weg.

Achtest du selbst auf deinen Stoffwechsel? Welche Prozesse hast du bereits aktiv angestoßen, die ihn im weitesten Sinne gefördert haben? Was mir dabei stets geholfen hat, war meine Erfahrung, die ich weiter oben beschrieb: »Ja« sagen. Meine Neugier und Aufgeschlossenheit ließen mich Chancen ergreifen, wenn ich sie sah. Dazu möchte ich dich an dieser Stelle ebenfalls ermutigen. Überleg dir, welche Prozesse in deinem Leben ablaufen, welche davon du als für deinen Weg förderlich erachtest und welche eher nicht. Auf den folgenden beiden Seiten habe ich dir dafür Platz gelassen. Dort findest du wieder eine Tabelle mit zwei Spalten. Trage auf der linken Seite ein, was dir zu deinen aktuell laufenden Prozessen einfällt. Rechts daneben notierst du, in welcher Form du sie ändern willst. Eine Änderung muss und soll auch gar nicht stets einen Abbruch bedeuten. Oftmals reicht es schon, dir einfach bewusst zu machen, was um dich herum abläuft und in welche Prozesse du eingebunden bist, um deine Perspektive zu ändern.

Bei mir veränderte jeder dieser Stoffwechsel auch stets meine Stimme. Denk dabei an jene Kapitel, in denen ich dir beschrieb, wie sich schon kleinste Verspannungen verschiedener Muskelgruppen auf deine Sprechweise auswirken können. Stell dir jetzt einmal vor, du schaffst es nach und nach, die grundlegenden Ursachen für diese Verspannungen zu beseitigen. Was für einen gewaltigen Sprung wirst du machen, sowohl stimmlich als auch in Sachen Kommunikation!

Viel Erfolg dabei.

Was geht in deinem Leben?

Notiere die Prozesse, die deinen Alltag bestimmen.

Was würdest du gern ändern/optimieren?

Überlastung

Hast du schon mal ein strukturiertes Fitnesstraining unter Aufsicht eines Personal Trainers gemacht? Eine meiner wichtigsten Erkenntnisse dabei war, dass es nicht nur auf die Größe der Gewichte, sondern auch auf die Zahl der Wiederholungen, die Steigerungsrate und vor allem auf die richtige Ausführung der einzelnen Übungen ankommt. Bei manchen entscheidet sogar schon der korrekte Winkel darüber, welche Muskeln wie intensiv angesprochen werden.

Um den Jahreswechsel 2021/22 entschied ich mich dazu, ein intensives Personal Training zu buchen, um körperlich wieder fitter zu werden. Dabei fiel mir als zweite große Erkenntnis auf, dass es sich mit unserer Fähigkeit, Gefühle zu verarbeiten und nach außen weiterzugeben, ähnlich verhält wie mit unseren Muskeln: Vernachlässigt man sie, werden sie mit der Zeit verkümmern. Überbeanspruchen wir sie, dann richten wir Schaden an bis hin zur völligen Funktionslosigkeit des Systems. Genau dort liegt aber schon der entscheidende Unterschied zwischen unseren Muskeln und dem emotionalen Empfinden: Wenn wir unsere Muskeln zu stark beanspruchen, merken wir das relativ schnell. Im Zweifel ziehen wir uns eine Zerrung zu oder die tragenden Knochen beginnen zu schmerzen.

In der Gefühlswelt steht uns ein solches Warnsystem leider nicht zur Verfügung. Längst befinden wir uns in einer völligen emotionalen Überbeanspruchung, doch wir merken es nicht: Mit nur wenigen Klicks gelangen wir von einer rührenden Geschichte über die wundersame Wandlung eines Straßenhundes zu einem Video, in dem Kühe auf einer Weide geschubst werden, um uns anschließend über lustig nachsynchronisierte Filmszenen zu amüsieren. Dazwischen lesen wir Hasskommentare,

Meldungen über schwere Unfälle, Amokläufe oder Kriege. Die Medienflut hat uns längst mitgerissen und wir schwimmen irgendwo zwischen allen anderen. Selbst, wenn wir so richtig physisch mit anderen Menschen zusammenkommen, haben wir das Handy schon im Anschlag. Schließlich könnte es jemanden interessieren, was wir gerade treiben.

Standen wir noch vor 20 Jahren mit nichts als Gänsehaut und Freudentränen inmitten einer Masse jubelnder Fans auf Konzerten, saugten die Stimmung auf und ließen uns von ihr durch die nächsten Tage, Wochen und Monate tragen, so bietet sich heutzutage ein anderes Bild. Gejubelt wird zwar noch immer fleißig, aber statt Feuerzeugen oder Wunderkerzen blinken heute überall Handys, da wir die Stimmung ja unmittelbar in die Welt rausposaunen wollen, anstatt sie einfach für uns selbst zu genießen.

Natürlich sehen wir als Empfänger solcher Aufnahmen fröhliche Gesichter und möchten uns gern vorgaukeln, wir seien quasi selbst dabei und, wenn auch nur auf Entfernung, Teil dieses Erlebnisses gewesen. Doch wir sind eben nichts als nur entfernte Zuschauer. Trotzdem kommentieren wir das Gesehene fleißig. Genau an dieser Stelle fängt für mich der wahre Grusel erst an. Wie eingangs schon erwähnt, geht es hierbei vielmehr um die Smileys, die sogenannten Emoticons, auch bekannt als Emojis. Geradezu inflationär streuen wir sie ein, damit die geneigte Leserschaft auch ja versteht, was wir mit unserem Geschreibsel ausdrücken wollen.

Wir machen uns keine Gedanken mehr, was wir mit welchen Worten vermitteln wollen oder welchen Effekt wir mit ihnen erzielen könnten. Dafür gibt es ja schließlich Tausende dieser kleinen Zeichen, Figürchen und Symbole. Aber selbst dabei versagen wir schon, weil wir uns nicht einmal die Mühe machen, sie auf ihre Wirkung hin zu überdenken. So kommt es vor, dass ein »Vor-Lachen-auf-dem-Boden-roll«-Smiley in einem eher nachdenklichen Kommentar seinen Platz findet oder ein »Wow«-Smiley als Synonym für Erschrecken eingesetzt wird.

Die Liste an derlei Gefühlsverwirrungen ließe sich endlos fortsetzen, und ich habe immer mehr das Gefühl, dass vielen Menschen im Laufe der letzten 15 Jahre die Fähigkeit abhanden gekommen scheint, Emotionen zu erkennen, Gesichtsausdrücke korrekt zu deuten und diese auch wiederzugeben bzw. zu spiegeln. In einer Zeit, als unsere Urahnen noch in Höhlen lebten und fast ausschließlich über Gesten und grobe Laute kommunizierten, hätte der durchschnittliche Social-Media-Nutzer unserer Tage nicht lange überlebt. Wahrscheinlich würde es sogar reichen, nur wenige Hundert Jahre zurückzureisen. Zack – Kopf ab.

Unsere bewusste Wahrnehmung funktioniert eben nicht mehr so, wie sie sollte. Klar, denn unser Überleben hängt ja auch nicht mehr von ihr ab. Das Unterbewusstsein hingegen befindet sich noch immer im althergebrachten Alarmzustand, nimmt also auch die visuellen Reize voll wahr. Was aber passiert, wenn man einerseits zwar funktionierende Urinstinkte hat, diese aber weder deuten noch nach außen spiegeln kann?

Eine Freundin von mir veröffentlichte vor einer Weile ein Posting über ihren Besuch im Fitnessstudio. Sie schrieb so etwas wie: »Nach langer Zeit mal wieder im Training und die Wirkung bleibt nicht aus.« Dahinter setzte sie einen Smiley mit weinendem Gesicht. Ich sah den Post und fragte prompt nach, ob alles okay sei und ob sie sich etwa verletzt oder übernommen habe. Ein wenig verwundert antwortete sie mir, dass sie es anstrengend fand und daher irgendeinen Smiley mit Wasser im Gesicht gewählt habe.

Was wir meinen und was wir damit ausdrücken, sind eben oftmals zwei verschiedene Paar Schuhe. Das geschieht, sobald wir nicht mehr genau darüber nachdenken, was wir so alles durch die Welt schicken. Es mutet an wie eine Lappalie, und genau das ist es wahrscheinlich auch. Aber was immer wir von uns geben, hat, wenn meist auch nur in einem engen Kreis von Vertrauten, eine Wirkung. Ist da nicht mehr Obacht geboten?

Die versehentlichen und wenig durchdachten Posts sind aber nur die eine Seite. Denn während so viele eher unbeholfen durch das Internet tapsen, wähnen sich andere dank der durch die Plattformen gegebenen Anonymität in einer solchen Sicherheit, dass sie unerkannt und ungestraft selbst auf grausamste Berichte und Bilder mit Lachsmileys oder ganz und gar unpassenden Emojis reagieren. Teilten wir unsere Ansichten früher mehrheitlich mit Menschen, die wir kannten und deren schlechtes Bild uns dann auch direkt betroffen hätte, blasen wir heute oftmals ungeprüft einfach alles heraus. Die Empfänger unserer Nachrichten sind schließlich meist so weit entfernt und wir werden sie nie kennenlernen. Das macht leichtsinnig. Nur funktioniert unser Unterbewusstsein ja weiterhin. Ohne es richtig zu merken, verknüpfen wir unpassende Emojis mit schrecklichen Nachrichten. Und was ist die logische Folge daraus?

Wir senden und empfangen mittlerweile rund um die Uhr und bemerken gar nicht, wie wir immer weiter abstumpfen. Ich selbst habe mich schon mehrfach dabei ertappt, wie ich darüber nachdachte, ob ich den einen oder anderen lockeren Gruß auf der Postkarte aus dem Urlaub (ja, ich schreibe noch Postkarten von Hand) nicht doch besser mit einem Smiley versehen sollte, um sicherzugehen, dass die Botschaft auch garantiert so ankommt, wie von mir beabsichtigt. Ich kenne meine Pappenheimer.

Noch einmal: Ich bin begeisterter Nutzer der sozialen Medien und will sie gar nicht verteufeln. Aber allzu leicht blenden wir angesichts der großen Vorteile selbst offensichtlichste Nachteile gern aus. Dafür möchte ich bei dir ein Bewusstsein schaffen.

Erfunden hat die Misere nicht etwa Facebook. Sie haben es vielleicht perfektioniert, aber sicher nicht erfunden. Nein, dieses Animieren fing schon viel früher an. Um genau zu sein, im September 1950 in der US-amerikanischen Hank McCune Show.[5] Damals waren die Macher der Show davon überzeugt, dass Menschen, die allein vor dem Fernseher saßen, eher weniger bis gar nicht lachten und man sie deshalb durch die Einspielung sogenannter Lachkonserven, also aufgezeichneter Lacher, dazu animieren müsse. Schließlich gilt Lachen gemeinhin als ansteckend und hebt grundsätzlich die Laune. Ziel war auch dabei freilich wieder – wer hätte es gedacht? – unser Unterbewusstsein. Und wer bei einer Sendung herzhaft lachen kann, der bleibt auch länger vor dem Fernseher sitzen, sieht die teuer bezahlten Werbespots der Sponsoren und kauft womöglich auch noch deren Produkte, so die Theorie.

Immerhin scheint doch einiges dran gewesen zu sein, denn mit der Zeit griffen auch viele andere Produzenten zu diesem Stilmittel. Einigen erschienen die Konservenlacher allerdings zu künstlich und stattdessen wurden viele Sitcoms fortan direkt vor Livepublikum aufgezeichnet, dessen Reaktion man dann automatisch mit aufzeichnete.

Vor Beginn heizte man die Zuschauer noch kräftig an, um während der Aufzeichnung beste Stimmung zu garantieren. So erhielten die Macher völlig authentische Reaktionen des Publikums vor Ort, welche die Zuschauer daheim umso mehr mitrissen und dies selbstverständlich auch weiterhin tun. Einige der schönsten Lacher wurden dann wiederum konserviert und dienen, um sich trotz aller offenkundiger Vorteile den Aufwand einer Liveproduktion zu ersparen, auch heute noch als fröhliche Geräuschkulisse der größten Sitcom-Hits. Das passiert, damit wir wissen, wann wir zu lachen haben oder zumindest, wann die Macher der Sendung gern wollen, dass wir lachen. Und mal ehrlich: Kannst du dich einer solchen Lachsalve entziehen? Hast du dich schon einmal gefragt, warum du automatisch mitlachst? Echtes Lachen von echten Menschen ist ansteckend. Rein mechanische Lacher haben nicht diese durchschlagende Wirkung. Unser Unterbewusstsein filtert das schon von allein aus. Und jetzt? Sind wir nun alle zu gefühllosen, unempathischen Zombies mutiert? Das ist ganz sicher nicht der Fall. Aber durch die allgegenwärtig automatisierten Reaktionen verlernten wir eben nach und nach, unseren Gefühlen mithilfe von Worten Ausdruck zu verleihen. In der heutigen Welt ist es wichtiger, zu empfangen und zu funktionieren, als selbst zu senden. Oder anders ausgedrückt: Für die Werbeindustrie und jeden, der sich ihrer bedient, ist es überlebenswichtig, dass die Botschaften beim Kunden ankommen.

Der umgekehrte Weg ist schlicht und ergreifend nicht von Belang, wenn man sich nicht gerade als Influencer betätigen oder stimmlich Ziele erreichen will. Im Verlauf der letzten Jahre habe ich immer wieder beobachtet, dass viele Menschen sogar völlig überfordert damit sind, Ironie zu erkennen. Ohne Smileys sind Missverständnisse vorprogrammiert. Hervorragendes Anschauungsmaterial liefern diverse Internet-Comedy-Formate, etwa der Postillon[6], die mit ihren Posts regelmäßig unbedarfte Menschen verunsichern und an unserer Welt zweifeln lassen. Da können Nachrichten auch mit noch so ironischem Unterton verfasst sein – ohne eine entsprechende Kennzeichnung verstehen viele diese Ironie nicht.

Unser Leben birgt im Alltag aber leider oftmals anderes als missverständliche Ironie. Könnten wir doch alles nur mit einem erleichterten Lachen auflösen. Echte Missverständnisse lauern in jeder Lebenslage. Die wahren Absichten eines Menschen zu erkennen, erfordert im direkten Gespräch ohnehin ein wenig Übung. Schier unmöglich wird das aber in der rein elektronischen Kommunikation. Aus diesem Grund lehne ich es mittlerweile ab, wichtige Gespräche z. B. im WhatsApp-Chat zu führen. Ich habe das schmerzlich gelernt.

Vor einigen Jahren ist der Hund von engen Freunden unerwartet verstorben. Spätabends am Wochenende ging es dem Rüden plötzlich schlecht und kein Tierarzt machte zu dieser Uhrzeit mehr Hausbesuche, um ihm helfen oder ihn gar erlösen zu können. Eine Option wäre gewesen, das Tier ins Auto zu laden und in die Praxis zu fahren. Doch aus Angst, es könne gerade in dieser Hektik erst recht qualvoll verenden, weigerte sich der Hausherr, ihn fortzubringen.

Die Familie war sich bewusst, dass ihr vierbeiniges Familienmitglied im Sterben lag, und es herrschte geteilte Meinung über das richtige Vorgehen. Streit, Trauer und Angst sorgten für ein Wechselbad der Gefühle. So wurde es schließlich Nacht und insgesamt rang der Hund einige Stunden mit dem Tod, bis er endlich Erlösung fand. Dies war ein hochemotionales Erlebnis, das jeder im Nachgang auf seine eigene Weise zu verarbeiten suchte. Unser Freund begann, seinen Kummer im Alkohol zu ertränken, und seine Frau alarmierte uns schließlich eines späten Abends, da er zunehmend weniger ansprechbar war.

Nun wollte ich zwar helfen, hatte aber zu diesem Zeitpunkt selbst schon das eine oder andere Glas Wein intus. Also griff ich, statt mich ins Auto zu setzen, zum Handy und schrieb ihm über WhatsApp. Ein versuchter Anruf war ohne Reaktion geblieben, also erhielt er eben eine Textnachricht. Mein Plan war, ihn aufzurütteln und aus seiner Trauer und gleichzeitigem Selbstmitleid, wenn nötig, »herauszuprügeln« – rein verbal versteht sich. Daher wählte ich meine Worte zwar mit Bedacht, nahm jedoch kein Blatt vor den Mund. Schon oft hatten wir in den Jahren zuvor intensive Gespräche geführt und ich ging davon aus, dass meine Intentionen glasklar sein müssten.

Doch eine heftige Gesamtsituation und die daraus resultierende psychische Überlastung lassen Menschen anders reagieren. Im direkten Gespräch unter vier Augen wäre es mir tatsächlich auch möglich gewesen, anders auf ihn einzugehen. Ich hätte dank der mir eigenen Empathie die Situation zu jedem Zeitpunkt drehen und retten können. Per WhatsApp merkte ich erst viel zu spät, dass er meine Worte keineswegs als Aufrütteln, sondern als arrogant und von oben herab auffasste. So eskalierte unser Gespräch derart, dass er sich für einige Zeit danach weigerte, überhaupt mit mir zu sprechen.

Daraus zog ich die Lehre, dass ich wichtige Gespräche ausschließlich persönlich oder wenigstens am Telefon führe. Nur in direkter Kommunikation kann ich sicher gewährleisten, dass sich alles in die von mir beabsichtigte Richtung entwickelt.

Es ist eine Disziplin, die mir schon seit früher Jugend stets leichtfiel und -fällt. In meiner Schulzeit verkörperte ich häufig die Rolle des verständnisvollen Zuhörers, dessen Rat man suchte und oft auch annahm. Aber durch den Gebrauch der sozialen Medien hatte ich mich in dieser kritischen Situation des wichtigsten Werkzeugs beraubt: meiner Stimme.

Und ich will gar nicht anfangen mir auszumalen, wie oft dies bei den restlichen viereinhalb Milliarden Social-Media-Nutzern in dieser Form geschieht. Auch ohne konkrete Zahlen zur Verfügung zu haben, können wir davon ausgehen, dass in dieser Hinsicht eine ungeheure Menge an schlechter Energie durchs Internet zieht. Umso wichtiger ist es, dass wir wieder lernen, Gefühle nicht nur zu empfangen, sondern auch zu verarbeiten, zu beurteilen und persönlich kontrolliert an unsere Umgebung auszusenden. Aber wie ist das möglich?

Den Ernährungsleitsatz »Du bist, was du isst« kannst du im übertragenen Sinn auch auf deine Psyche anwenden. Überlade dich mit fremden Emotionen, dann wirst du mit der Zeit kaum mehr Chancen haben, deine eigenen richtig zu interpretieren. Konsumierst du alles im Übermaß, dann schmeckt irgendwann auch alles gleich. Werde in Sachen Emotionen zum Genießer. Das macht einen Riesenunterschied. Für mich steht mittlerweile der praktische Nutzen von Content im Mittelpunkt. Daher stelle ich mir beim Scrollen durch meinen Feed stets die Frage: Wie bringt mich das im Leben weiter? Und wann immer die Antwort lautet: »überhaupt nicht«, dann lese ich Posts nicht, vor allem nicht solche mit Wortlauten wie: »Sieh dir an, was dieser Hund durchmachen musste.«

Vielleicht mag das im ersten Moment gefühlskalt auf dich wirken, aber ich kann dir versichern: Genau das bin ich nicht. Ich stehe auf rührende Geschichten und würde am liebsten jedem einzelnen misshandelten Tier aus all jenen Abertausenden Geschichten helfen. Doch dahinter steht meist nur der Wunsch nach mehr Bekanntheit im Netz. Meldungen dieser Art sind Clickbait. Genau das ist ja die Systematik hinter Social Media: sichtbarer werden um (fast) jeden Preis.

Aber was passiert, wenn ich tränenüberströmt vorm Handy sitze? Nichts. Außer, dass ich tränenüberströmt vorm Handy sitze. Ich helfe dem Tier dadurch nicht. Bestenfalls verschaffe ich den Initiatoren mehr Geld. Das wäre eine Sache. Aber genau das kann ich viel effektiver (und weniger schmerzhaft für mich) tun, indem ich einfach immer wieder kleine oder größere Summen an die entsprechenden Organisationen spende. Das mache ich regelmäßig und freue mich, dass ich meiner Steuerberaterin die Quittungen übergeben darf.

Was passiert jedoch, wenn ich ausschließlich in mein Handy schaue? Ich lenke mich vom Alltag ab und von allem, was mich weiterbringen kann. Und damit auch von den ganz echten, relevanten Gefühlen. Ob völlig bewusst oder auch nur unterbewusst: Die starken, durchs Internet hervorgerufenen Emotionen wirken bei mir immer sehr lange nach. Die schrecklichen Bilder gehen mir einfach nicht mehr aus dem Kopf, sie triggern mich, wie man neudeutsch sagt. Ergo bin ich nach solchen Empfindungen auch nicht voll bei dem, was ich eigentlich gerade tun will bzw. soll. Ich habe dann einfach keinen Kopf für meine Arbeit. Und ab da fängt die Nachlässigkeit im Umgang mit Gefühlen an. Wenn ich nicht voll dabei bin, wie will ich meine Emotionen aktiv einsetzen, um meine Ziele im Leben zu erreichen?

Es ist übrigens völlig egal, was ich als Trigger einsetze. Oft ist gar kein herziges Video erforderlich, es reicht schon eine hitzige Diskussion in der Kommentarspalte. Wenn du halbwegs regelmäßig im Internet unterwegs bist, weißt du selbst, wie leicht man sich darin verlieren kann. Das brauche ich nicht und mache es daher nicht mehr. Und dir empfehle ich, es mir gleich zu tun.

Stell dir immer die Frage: Wie bringt mich das im Leben weiter? Du wirst schnell merken, wie viel freier du wirst und wie du dich innerlich entspannst, wenn du dich von Sinnlosem löst. Sei dir deiner selbst bewusst. Oder als Substantiv: Trau dich, dein Selbstbewusstsein zu entwickeln.

Selbstbewusstsein

Ein ganz wesentlicher Baustein deiner Ausstrahlung ist das Selbstbewusstsein. Damit meine ich nicht nur die Standfestigkeit im zwischenmenschlichen Umgang, sondern vor allem auch »dir deiner selbst bewusst zu sein«. Die Kombination aus beidem gibt dir Sicherheit und daraus resultierend Halt.

Oft erlebe ich die Verwechslung von Selbstbewusstsein und frontalem Angriff. Doch eine aktive Handlung ist nur ein möglicher nächster Schritt, bei dem dich dein Selbstbewusstsein unterstützt. An sich sehe ich es aber als eine passive Eigenschaft. Spürbar ist es von außen wie auch von innen. Idealerweise steht das Selbstbewusstsein jedoch nie im Vordergrund. Deine Ausstrahlung baut unmittelbar darauf auf – gemeinsam mit all ihren Elementen und deinen rhetorischen Werkzeugen. Es braucht schon einiges an Selbstbewusstsein, um einen entsprechenden Auftritt in der Öffentlichkeit hinzulegen.

Überträgst du das auf das Bild deiner ganz persönlichen Pflanze, so bildet dein Selbstbewusstsein den sogenannten Kelch auf der Spitze des Halms. Zunächst als schützende Hülle für die Blüte, öffnet er sich bald und offenbart seinen strahlenden Inhalt. Als Basis der Strahlkraft tritt der Kelch meist in den Hintergrund. Doch er ist immer da. Ohne ihn hat alles darüber keinen Halt.

Auch hier bietet die Natur Zigtausende verschiedene Ausprägungen. Am Ende fügt sich alles in ein stimmiges Gesamtbild. Welchen optischen oder auch spürbaren Stellenwert wirst du deinem Selbstbewusstsein einräumen? Schauen wir uns das mal genauer an.

Hörbar erfolgreich

Kennst du diese ewig grinsenden Siegertypen? Vor allem in den sozialen Medien sind sie verbreitet. Erkennbar sind sie am überlegenen Lächeln, Bling-Bling und Botox. Das ist jene Sorte Mensch, bei denen es nur Gewinne und Erfolge gibt und denen die Sonne aus allen Körperöffnungen scheint. Du denkst unwillkürlich: Donnerwetter, da läuft's aber mal richtig rund.

Und dann fängst du an, diese Person zu beneiden. Beim Blick auf dein eigenes Leben stößt du ja unweigerlich auf Missgeschicke, die dir passiert sind, und Fehler, die du gemacht hast. Also beschließt du insgeheim, dass du auch gern so wärst wie das strahlende Gesicht im Internet. So rund soll es bei dir bitte auch laufen. Mach dir jedoch Folgendes bewusst: Wäre das Leben tatsächlich so interessant, wie es oftmals in den sozialen Medien dargestellt wird, dann wären die ganzen Leute nicht dort, sondern eben draußen in ihrem geilen Leben.

Der zweite Punkt: Was senden diese Siegertypen für Botschaften aus? Oberflächlich sieht es ja danach aus, als würde es bei ihnen rund laufen. Gehen wir jedoch gedanklich weiter, stoßen wir unweigerlich auf eine Frage: Warum stellt sich jemand eigentlich nur als Sieger dar? Ich meine, klar gönnst du anderen ihre Erfolge, warum auch nicht? Es ändert ohnehin nichts daran, wenn du es nicht tust. Allerdings ist die penetrante Dauerdarstellung als Sieger für mich persönlich der untrügliche Beweis dafür, dass diese Person nicht in der Lage ist, sich selbst zu reflektieren. Sie ist nicht fähig, eigene Fehler anzuerkennen und aus ihnen zu lernen.

Sieg und Erfolg, wohin du schaust. Glaubst du das? Oder könnte nicht doch ein Fünkchen Wahrheit darin enthalten sein, wenn ich dir rate, nicht alles für bare Münze zu nehmen, wie es präsentiert wird? Steig nicht auf jede tolle Geschichte ein, zumindest nicht mit Neid, der dich nie weiterbringen wird. Mach dir stattdessen bewusst, wie sehr alle anderen danach gieren, erfolgreiche Menschen beneiden zu dürfen, und nutze es für deine Zwecke.

Ja, lies den Satz ruhig zweimal. Ich meine ihn genau so. Denn was ich seit Beginn meiner eigenen Social-Media-Story erlebt habe, liefert den eindeutigen Beweis dafür. Anfang 2023 startete ich meinen Kanal mit meinen beiden Slikas[7], wie ich mein Social-Media-Team nenne, auf den Plattformen Instagram, TikTok und LinkedIn. Hatte ich vorher echte Probleme mit der Umsetzung und Visualisierung meiner Stories, so verschafften die beiden der ganzen Sache richtig Aufwind. Innerhalb des ersten Jahres generierten wir schon reichlich Follower. Auf Instagram und TikTok waren es jeweils über 11.000. Mein Content drehte und dreht sich natürlich um Stimme und Mindset und wir veröffentlichten jeden Tag mindestens einen neuen Post. Dadurch stieg neben der Anzahl meiner Follower freilich auch mein Ansehen im Kreise der Menschen, die mich schon lange davor kannten. Gleichzeitig war ich aber so mit der Entwicklung meiner Inhalte (Posts, Coaching, Workshops, Buch) beschäftigt, dass letztlich mein bisheriges Kerngeschäft streckenweise darunter litt. Die Folge: 2023 war definitiv keines meiner finanziell erfolgreichsten Jahre. Stattdessen investierte ich umso mehr in den Aufbau meines Unternehmens. Unterm Strich blieb erst mal nicht allzu viel hängen. Aber davon ließ ich mich nicht beirren. Solche Phasen kennt jeder Unternehmer.

Meine erzielte Außenwirkung war jedoch eine völlig andere. Und ich bekam es erst richtig mit, als mir Bekannte und Kollegen spiegelten: »Wow, bei dir läuft's aber richtig rund, oder?« Als ich Sätze wie diesen vernahm, dachte ich mir zunächst noch nichts. Doch mit dem Voranschreiten des Jahres wurden die Aussagen Normalzustand. Es gab sogar Neider.

Sie sagten mir das natürlich nicht persönlich, aber mein sprichwörtlicher Feldfunk trägt mir so etwas dennoch regelmäßig zu.

Dabei machte ich nichts anderes, als zu arbeiten, zu entwickeln und eine Menge Geld darin zu investieren. Ich zahlte auch einiges an Lehrgeld. Unterm Strich war es, wie bereits erwähnt, keines meiner finanziell erfolgreichsten Jahre. Daraus machte ich nicht einmal ein Geheimnis. Trotzdem sahen die anderen das, was sie sehen wollten: einen Sprecher, der deutlich an Hör- und Sichtbarkeit gewann. Finanzielle Verluste? Davon wollte niemand etwas wissen. Wer so oft gehört wird, der kann gar nicht anders, als reiche Gewinne abzuschöpfen. Damit musste ich erst mal zurechtkommen.

Wie kannst du das für dich nutzen? Ganz einfach: Versteck dich nicht länger. Sobald andere dich regelmäßig hören, nimmst du mehr Raum in ihren Gedanken ein. Du giltst als kompetent, erfolgreich und bleibst im Gespräch. Das kommt dir dann wieder in vielerlei Hinsicht zugute.

Wie viel Kommunikation ist aber genug? Und was ist zu wenig? Das mag sich freilich von Situation zu Situation unterscheiden. Doch dein Bauchgefühl kann dich da auf den sprichwörtlichen Holzweg führen und dir zur Vorsicht raten, wo sie noch gar nicht angebracht wäre. Die Studie einer Stanford-Doktorandin und ihres Doktorvaters Mitte 2023[8] wird dir da vielleicht die Augen öffnen.

Generell genießen Führungskräfte ja den Ruf, eher kommunikationsstark zu sein. Gegenüber Angestellten unterhalb der Führungsebene mögen sie das bestimmt auch sein. Doch was diese wiederum von ihren Führungskräften tatsächlich erwarten, steht auf einem ganz anderen Blatt, und zwar jenem, das besagte Doktorandin und ihr Doktorvater verfassten. Die beiden analysierten Tausende von Kommentaren in archivierten Führungskräftebeurteilungen mit der Fragestellung, wie Angestellte die Kommunikation ihrer Führungskräfte quantitativ beurteilten. Untersucht wurde, ob deren Führungskräfte tendenziell zu viel oder zu wenig kommunizieren. Und wie immer liegt die Wahrheit in den Zahlen. In 2717 untersuchten Kommentaren beschwerten sich gerade einmal 46 Angestellte über zu viel Kommunikation. Das genaue Gegenteil beklagten wiederum fast zehnmal so viele: Ganze 421 Menschen schimpften über viel zu wenig Kommunikation ihrer Vorgesetzten.

Gewissenhaft erprobten die beiden Untersuchenden ihre These in einem Experiment. Die Teilnehmenden erhielten Beurteilungen zur Lektüre, in denen eine fiktive Führungskraft einmal zu wenig, einmal zu viel und einmal in der Situation angemessenem Umfang kommuniziert hatte. Daraus sollten sie dann Rückschlüsse ziehen über die Führungsqualitäten und Empathie der Person. Bestnoten gingen an die angemessen kommunizierende Führungskraft. Dicht dahinter folgte diejenige, die zu viel kommunizierte. Erst mit weitem Abstand wurde die sprichwörtlich maulfaule Führungsperson angeführt. Ihr wurde auch direkt weniger Empathie bescheinigt als den anderen beiden.

Ein früher Rückschlag

Die Folgen von zu wenig Kommunikation musste ich früh am eigenen Leib erfahren. Eine Geschichte aus meiner Schulzeit hat mich da sehr geprägt. Gegen Ende meiner Schullaufbahn spielte ich ja bereits fleißig am Theater und befand mich im fortgeschrittenen Stadium meiner Ausbildung in Sprech- und Atemtechnik. Schien der Großteil meiner Lehrer stets bemüht, mich in starre Muster nach ihren eigenen Vorstellungen pressen zu wollen, so gab es genau **eine** Lehrerin, die mein Talent erkannte und mich förderte. Sie sorgte auch dafür, dass eines Tages ein Drehteam eines öffentlich-rechtlichen Senders zu uns an die Schule kam. Welcher Sender das genau war, habe ich offenbar verdrängt. Doch ich weiß noch, dass sie einen Hauptdarsteller für einen Film suchten. Irgendwas mit Jugendlichen, irgendwas mit Naturschutz. Die Begebenheit ist zu lange her, als dass ich mich noch an Details erinnere. Doch meine Lehrerin hatte dafür gesorgt, dass sie sich mit mir und einer Gruppe von Interessierten aus meiner Klasse in einen Raum setzten. Einerseits sollten sie mich kennenlernen, andererseits loteten sie auch die Möglichkeiten von Dreharbeiten an unserer Schule aus. Jedenfalls hatte meine Lehrerin kräftig die Werbetrommel für mich gerührt und ihnen nicht nur von meinem Talent erzählt, sondern auch, dass ich eine Sprechausbildung machte.

Die Rolle, für die sie jemanden suchten, so viel weiß ich noch, war ein rebellischer Jugendlicher. Laut und schrill, also so ziemlich das Gegenteil vom privaten Helge. Aber da ich am Karlsruher Theater zu jener Zeit eine Hauptrolle spielte, in der ich ebenfalls meine sonst so gut versteckten schrillen Seiten offenbaren durfte, machte ich mir keine Sorgen. Ich wusste ja, wozu ich in der Lage war. Du ahnst es vielleicht schon: **Ich** wusste das. **Die** kannten mich nicht. Der berühmte erste Eindruck des

Filmteams bestand aus einem stillen, siegessicher lächelnden (und wahrscheinlich auch arrogant wirkenden) Jugendlichen, der während der ganzen Besprechung kaum ein Wort herausbrachte. Wozu hätte ich das denn auch machen sollen? Für mich war klar, dass ich den Job bekomme.

Nur passierte genau das eben nicht. Als das Filmteam nach etwas über einer Stunde zum Aufbruch drängte, meinten sie zu meiner Lehrerin, ich sei einfach nicht der Typ, nach dem sie suchten. Sie brauchten einen Rebellen, kein Mauerblümchen. Ich war sauer und enttäuscht. Hinzu kam eine Lawine aus Selbstzweifeln und Verachtung. Meine Karriere schien für einige Tage am viel zu frühen Ende angelangt zu sein. Meine Schilderung erscheint dir nun vielleicht ein wenig melodramatisch, aber das waren meine Gefühle damals. Sie setzten sich in meinem Kopf fest. Dort wandelten sie sich zu handfesten Glaubenssätzen, die mir noch Jahre danach das Leben schwer machten. Ich habe lange gebraucht, bis ich begriff, dass ich die Rolle nur deshalb nicht bekommen hatte, weil ich die ganze Zeit mehr oder weniger schweigend daneben saß.

Kennst du solche Situationen auch? Merke dir: Andere Menschen können nicht erraten, was du auf dem Kasten hast. Deine einzige Chance, bei denen, die dich weiterbringen können, ins Gedächtnis zu gelangen und dort zu bleiben, ist, dass du von dir hören lässt. Kompetenz will kommuniziert werden. Dazu gehört auch, dass du ein Bewusstsein dafür entwickelst, über welche Fähigkeiten du verfügst, die andere außerhalb deines fachlichen Umfeldes dringend benötigen. Was für dich Alltag ist, kann für andere um dich herum die Welt verändern. Nun ist es Zeit, dir wieder einen Stift zu nehmen und die nächste Seite für weitere Notizen zu verwenden.

Denk nicht zu kompliziert. Schreib einfach auf, welche Ausbildungen du bereits durchlaufen und welche fachlichen Kompetenzen du im Laufe deines bisherigen Lebens erworben hast. Im Grunde genommen verfasst du damit einen Lebenslauf. Doch während du in deiner rein professionellen Vita nur die wichtigsten Ausbildungen und Skills aufführst, erstellst du jetzt einmal eine vollständige Liste. Und in die gehören neben deinen beruflichen Fähigkeiten auch solche, die du eher dem Hobbybereich zuordnen würdest. Mach dir wirklich bewusst, was du alles kannst, und führe dir das vor Augen.

Was hast du alles gelernt?

Welche Fähigkeiten hast nur du?

Wen kannst du damit weiterbringen?

Sehr gut. Deine Liste steht und ich bin mir sicher, du wirst staunen, was für eine Fülle an Dingen du da zusammengetragen hast. In deinem Alltag wirst du über die meisten deiner Kompetenzen gar nicht mehr nachdenken, weil sie für dich ja völlig normal sind. Aber das sind sie eben nur für dich.

Fehlschläge: Totschweigen oder drüber reden?

Erinnerst du dich noch an die ewig grinsenden Siegertypen, über die ich etwas weiter vorn berichtet habe? Kannst du dir vorstellen, dass auch sie Rückschläge erfahren und Fehler machen? Nein?

Wenn dir das nächste Mal jemand begegnet, der sich die Maske des ewigen und ausschließlichen Siegers aufsetzt, dann glaub ihm nicht. Jeder Mensch macht Fehler und jedem Menschen passieren Missgeschicke. Aber nur die besten sind in der Lage, sie anzuerkennen und aus ihnen zu lernen. Ebenso wäre es unklug, dich selbst immer nur als Dauersieger darzustellen. Das schafft lediglich eine Oberfläche ohne Ecken und Kanten. Aber sind es nicht gerade diese Unebenheiten, die uns in den Augen anderer interessant machen?

Ein beliebtes Leadership-Mindset lautet ja »abhaken und sich der Zukunft widmen, nicht auf Fehlern herumreiten«. Viele Menschen unterliegen hierbei jedoch einem großen Denkfehler: Dieses Mindset bedeutet eben nicht, dass du dich nicht mehr selbst hinterfragen sollst. Im Gegenteil: Du musst dich sogar unbedingt hinterfragen und reflektieren. Wie sonst sollte es dir gelingen, in Zukunft an derselben Stelle dieselben Fehler zu vermeiden? Fatal wäre lediglich, dich in deinen Fehlern und den Konsequenzen daraus zu suhlen und das Mitleid deines Umfelds zu suchen.

Reflexion gehört dazu, genauso wie das Zulassen von Gefühlen. Nur dann wirst du die Fähigkeit meistern, dir einerseits selbst zuzuhören, aber eben auch Emotionen in deiner Sprache zu transportieren. Wenn du die ganze Zeit aussendest: Ich bin ein Sieger, ich gewinne immer – dann sind wir bei den klassischen Infomercials. Da wird nur gewonnen. Am Anfang wird in einem solchen Infomercial herausgestellt, wie es nicht geht, danach sind wir auf der Siegerstraße. Denn das angepriesene Produkt ist natürlich die einzig wahre Lösung für mindestens dein größtes Problem, von dem du vor dem Infomercial womöglich noch nicht einmal wusstest, dass es existiert. Werbung folgt eben solchen Regeln. Aber was denkst du, wenn du ein solches Infomercial siehst? Ist das alles wahr? Nein? Eben.

Übertrage das auf deinen Alltag. Wenn du immer nur strahlst und gewinnst, dann bist du nicht mehr authentisch. Wer ausschließlich Glück und Erfolg hat, der ist nicht (be-)greifbar.

Noch mal: Erfolg ist eine tolle Sache. Und wenn du ihn hast, dann genieße ihn und feiere. Aber jeder erfolgreiche Unternehmer wird dir stundenlang Geschichten darüber erzählen können, welche Fehler er beim Aufbau seines Unternehmens begangen hat und was er alles unternehmen musste, um sie auszumerzen. Sich dem zu stellen, erfordert Selbstbewusstsein. Genau das brauchst du auch, um mit deiner Sprache Ziele zu erreichen und Erfolge zu feiern.

In den sozialen Medien findest du viel negativen Input. Statt die eigenen Fehler zu erkennen, tendiert unsere multimediale Gesellschaft im Netz dazu, lediglich die Fehler anderer zu suchen und auszuschlachten. Ein Shitstorm jagt den nächsten. Aber was passiert, wenn du nur auf die Fehler der anderen schaust? Wer lauert, der hört nicht zwangsläufig zu. Maximal einer Person, eben jenem Opfer, auf dessen Fehler du wartest, schenkst du dann Gehör. Doch in diesem Moment des Lauerns konzentrierst du dich ausschließlich auf diesen einen Punkt, von dem du erwartest, dass er entblößt wird. Allerdings bist du dann nicht mehr empfänglich für Impulse von außen.

Stell dir eine Raubkatze vor, die sich an ihr Opfer anpirscht. Alle Sinne sind ausschließlich auf diesen einen Punkt fixiert. Was aber passiert, wenn ein Nebenbuhler von der Seite, von hinten, von oben oder unten angreift? Die Raubkatze wird es wahrscheinlich erst merken, wenn es zu spät ist. Mach dir das zu eigen. Halte Augen und Ohren offen, nach allen Seiten, vor allem aber auch in dich selbst hinein. Zuhören ist die Devise, nicht lauern.

Hinterfrage dich mehr. Beobachte dich im Alltag. Egal ob im Beruf, in der Familie oder mit Freunden: Frag dich ganz bewusst, was du aussendest. Bist du der Strahlemensch, der einfach gern feiert und seine Fehler ignoriert? Oder bist du das genaue Gegenteil, jeder einzelne Fehler macht dir schwer zu schaffen und beschäftigt dich viel zu lange?

Zu welcher Erkenntnis du dabei auch gelangst, überlege, wie dein Idealzustand aussieht. Was willst du aussenden und wen willst du damit erreichen? Stell dir immer und immer wieder dieselben Fragen. Je klarer du dir über dich selbst bist und je exakter du alles für dich ausformulierst, umso mehr Klarheit erlangst du in deinem Kopf. Und genau das wirkt sich auf deine Sprache aus.

Schau dir die beiden oben beschriebenen Extreme einmal an: Strahlemensch und Selbstzweifler. Bist du ersteres, dann fragst du dich vielleicht, warum du daran etwas ändern solltest. Nun ist generell nichts gegen gut gelaunte Menschen, die niemals trübe Tage erleben, einzuwenden. Wenn das dein Wesen ist und du auch genau das ausstrahlen willst, ist das prima. Allerdings droht dabei dein Selbstbewusstsein in Arroganz umzuschlagen. Diese kommuniziert aber nicht gut. Beobachte nicht nur dich, sondern versuche auch, ein Gefühl für deine Mitmenschen zu entwickeln. Wie reagiert dein Umfeld auf dich? Und meinst du das, was du von dir gibst, überhaupt ernst? Du musst deine Gefühle mit niemandem teilen, sie niemandem wortwörtlich darlegen. Aber in der diskreten Atmosphäre dieses Buches bitte ich dich, in dich hineinzuhören. Gute Laune ist toll. Aber wie sieht es wirklich in dir aus? Was ist Fassade und wie sieht die Realität aus? Ein ewig fröhliches Gemüt verschafft dir eine sehr glatte Oberfläche. Interessant machen uns jedoch die kleinen Fältchen und Narben. Durch sie machst du dich auch greifbar für deine Mitmenschen.

Völlig überzogene Selbstkritik und Selbstzweifel hingegen verwandeln diese kleinen Fältchen in Gebirge, in denen sich du und wahrscheinlich auch die meisten Menschen um dich herum verfangen. Ich weiß, wovon ich hier spreche, da ich diese Eigenschaft über Jahre gepflegt habe. So nahm ich es mir beispielsweise immer zu Herzen, wenn ich mit Bekannten oder Kollegen nach langer Zeit einmal wieder sprach und dann zu hören bekam: »Na, du hast dich ja ewig nicht mehr gemeldet. Dachte schon, du kennst mich gar nicht mehr.« Schon vor dem Ende des zweiten Satzes habe ich angefangen, mich zu entschuldigen und Gründe für mein langes Schweigen zu suchen.

Mittlerweile aber, nachdem ich mich auch sonst von allzu schwerem emotionalem Ballast befreit habe, antworte ich in einem solchen Fall: »Du hast recht, wir haben lange nichts voneinander gehört. Aber weißt du, ein Telefon funktioniert immer in beide Richtungen. Warum hast du dich denn nicht gemeldet?« Ich freue mich innerlich, wenn dann mein Gegenüber anfängt, nach Rechtfertigungen zu kramen. Dabei bin ich keinesfalls gehässig. Ich genieße es einfach nur sehr, diese Last nicht mehr auf meine Schultern nehmen zu müssen.

Hör in dich selbst hinein und mach dir bewusst, wie du tickst und wie du gern ticken willst. Du musst dich nicht um 180 Grad wandeln. Kleine Veränderungen in deiner Wahrnehmung bewirken schon Riesensprünge in der Entwicklung deiner ganz persönlichen Strahlkraft. Hinterfrage dich und setze dich mit dir auseinander. Unterhalte dich einmal mit dir selbst. Du wirst staunen. Und dann höre allen anderen zu. Sei objektiv. Lauere nicht, sondern lerne.

Angst vor Sichtbarkeit

Du hast dir Ziele gesteckt, die du erreichen willst. Ob du als Experte wahrgenommen werden, in deinem Job aufsteigen oder dein eigenes Unternehmen an die Spitze bringen willst, es läuft letztlich immer auf dasselbe hinaus: Klappern gehört zum Handwerk. Kompetenz will kommuniziert werden. Wenn du schweigst und in der grauen Masse verschwindest, wirst du nicht wahrgenommen. Doch ist gerade dieses »Wahrgenommen werden« nicht der Auslöser einer unserer größten Ängste?

Bis hierhin hast du schon einiges über deine Stimmwirkung und die Entwicklung deiner Strahlkraft gelernt und machst große Fortschritte in der Entwicklung deiner inneren Einstellung. Du hast gelernt, deine Stimme zu akzeptieren und dir selbst zuzuhören. Doch auch wenn du bereit bist, diese Hürde zu nehmen, und vielleicht sogar schon erste Versuche unternommen hast, dir selbst gegenüber kritikfähig zu werden, so gilt es, einen Berg noch zu erklimmen: deine Angst vor der Sicht- und Hörbarkeit zu erkennen, zu akzeptieren und zu bewältigen. Auch an dieser Stelle bist du wieder einmal nicht allein. Jeder wird diese Angst zwar anders beschreiben und an anderen Eckpunkten festmachen. Alle Betroffenen verbindet jedoch, dass sie fürchten, sich öffentlich bloßzustellen. Verletzbar zu werden.

Meine Erfahrungen der letzten Jahre haben mir gezeigt, dass jeder, der heute auf einer Bühne steht, an irgendeinem Punkt seines Lebens diese Angst verspürt hat. Nicht jeder im selben Ausmaß, aber denk auch hier zurück an meine Worte zur Einleitung in dieses Buch: Niemand kam so auf die Welt, auch wenn du es ab und zu glauben magst. Jeder hat seinen ganz eigenen Weg zurückgelegt. Als ich das begriffen hatte, fühlte ich mich plötzlich nicht mehr so außergewöhnlich benachteiligt. Eine Angst, der du dir bewusst bist, vermag dir schon weniger Schaden zuzufügen. Es bleibt trotzdem die Frage, woher sie rührt und warum sie uns alle dann und wann heimsucht.

Genau genommen ist die Angst vor Sichtbarkeit (und Hörbarkeit) gar nicht weit hergeholt. Wer im Rampenlicht steht, wird nicht nur selbst heller beleuchtet, auch die eigenen Fehler sind sichtbar. Das ist eine höchst unangenehme Vorstellung. Sobald du dir das bewusst machst, läufst du allerdings Gefahr, nur noch darüber nachzudenken, welche Fehler du machen könntest. Und wenn dir keine einfallen, redest du dir vielleicht auch nur ein, dass dir sicherlich bald was ganz Dummes in aller Öffentlichkeit widerfährt.

In diesem Moment aber ignorierst du deine eigene Kompetenz, und zwar in voller Breite. Sei es beruflich, menschlich oder eben stimmlich. Fehler passieren. Niemand ist unfehlbar – denk noch einmal ein paar Seiten zurück, als ich die Sache mit den ewig grinsenden Siegertypen beschrieb. Ich habe die Fähigkeit, Vorhaben weit im Voraus Schritt für Schritt zu durchdenken. Diese Eigenschaft ermöglicht mir, meine Pläne im Kopf durchzuspielen, ohne auch nur einen einzigen Schritt auszuführen – mit allen möglichen Konsequenzen und Abzweigungen, die sich im Prozess ergeben könnten. Wow, ganz schön hilfreich, oder?

Es gibt da jedoch diesen einen großen dunklen Fleck, mit dem ich mir genau durch meine Fähigkeit immer selbst Steine in den Weg lege. Denn anstatt meinen Analyse-Skill zur besseren Planung einzusetzen, verleite ich mich stets nur dazu, Schwierigkeiten und Fehlerquellen auszuloten, um mich dann schließlich sagen zu hören: »Oh, das könnte mittelfristig schiefgehen, dann mache ich mich lieber erst einmal daran, dafür zu sorgen, dass alles glatt läuft.« Dann grüble ich und setze nichts um – oder vielmehr »setzte«.

Über viele Jahre ging das so, vor allem, als ich selbst sichtbarer werden wollte. Paradoxerweise hatte ich ja im jüngeren Alter mehr als 1.000 Vorstellungen in unterschiedlichsten Rollen im Theater gespielt und auch einige Male Auftritte vor TV-Kameras absolviert. Nicht zu vergessen all jene Audioproduktionen, an denen ich im Laufe der Jahre beteiligt gewesen war. Das klingt nicht nur nach Rampensau. Nur genau ich hatte Bammel, meine Expertise aus mehreren Jahrzehnten Berufserfahrung öffentlich zum Besten zu geben. Warum? Weil mir jemand hätte widersprechen können. Weil mir irgendwer hätte sagen können, was ich mache, sei nicht richtig, und überhaupt hätte ich schräge Ansichten. Und so würde man mich dann womöglich bloßstellen. Wie schon weiter oben erwähnt, befindest du dich also hinsichtlich deiner eigenen Bedenken in bester Gesellschaft.

Aber was machst du in dem Moment, wenn du dich selbst blockierst? Du beschneidest dich selbst in deiner Kompetenz, sprichst aber damit auch gleichzeitig allen anderen um dich herum die Kompetenz zu, dein Tun beurteilen zu können. Natürlich gibt es auch andere Experten auf unserem Fachgebiet da draußen, womöglich sogar haufenweise. Deinen Weg hast jedoch nur du beschritten. Es ist dein Leben, deine Erfahrung und damit deine Expertise. Und die Welt hat das verdammte Recht darauf, von dir zu hören.

Natürlich lesen wir täglich in den sozialen Medien negativ bewertende Kommentare unter Posts. Manche sind nur dumm, andere zutiefst verletzend. Es ist auch klar, dass du nie den Anlass dafür geben willst. Aber andererseits: Wohin dann mit deinen Zielen? Möchtest du sie in der Schublade versauern lassen? Das wäre doch schade.

Über kurz oder lang hast du gar keine andere Möglichkeit, als sichtbar und vor allem auch hörbar zu werden. Doch der Weg dahin kann steinig sein. Vor allem, wenn es sich bei den Steinen um alte Glaubenssätze handelt, die derart tief in deinem Unterbewusstsein verankert sind, dass du sie bislang nie hinterfragt, sondern als gegeben akzeptiert hast. Aus eigener Erfahrung kann ich dir aber versichern: Hinterfragen lohnt sich und vergrößert deine Welt.

Eine Freundin berichtete mir vor einer Weile von ihren Selbstzweifeln hinsichtlich des Sprechens. Durch ihre Geschichte wurde mir einmal mehr bewusst, wie wichtig zum einen die richtige Einstellung ist, gleichzeitig aber auch, wie trickreich sich limitierende Glaubenssätze in unser Unterbewusstsein einnisten. Seit Jahren ist jene Freundin erfolgreiche Sängerin und erteilt sogar in ihrer eigenen Schule Gesangsunterricht. Vorab: Natürlich ist Sprechen, wenn auch technisch verwandt mit dem Gesang, eine eigene Disziplin. Und wie ich auch schon durch meine eigene Angst vor Sichtbarkeit gelernt hatte, ist es eben keineswegs selbstverständlich, in einer Disziplin öffentliche Präsenz zu suchen und dies auch gleichzeitig in jedem anderen Lebensbereich zu tun.

Vor vielen Jahren, so erzählte sie mir, habe sie sich um Aufnahme an einer Schauspielschule beworben. Die Bühne übte auf sie als talentierte Sängerin eine hohe Anziehungskraft aus. Warum sich also nicht verändern und den Lebensunterhalt auf den Brettern, die die Welt bedeuten, als Schauspielerin verdienen? Doch der Traum sei jäh geplatzt, erzählte sie mir. Nach insgesamt drei Vorsprechen habe sie ihren Plan wieder aufgegeben.

Das wollte ich genauer wissen. Was bewegt einen jungen Menschen, seinen Traum aufzugeben und sich neu zu orientieren? Im Fall meiner Freundin war es ein tiefsitzender Glaubenssatz, der während eines dieser Vorsprechen gesät wurde: Als sie nach ihrem Vorsprechen die Bühne verließ, kommentierte eine Prüferin laut hörbar: »Das reicht nicht.« Es waren drei Worte mit durchschlagender Wirkung. Und die erhöhten die geistige Schwelle für ihr weiteres Vorankommen in diesem Bereich derart, dass sie aufgab. Diese drei Worte haben sich bei ihr so sehr eingebrannt, dass sie sie auch heute noch beschäftigen.

Wie sich das auswirkt? Wann immer sie ihre Stimme einsetzt, z. B. für einen Podcast oder ähnlich gearteten Text, dann tauchen plötzlich diese drei Worte wieder auf und schüren die Selbstzweifel. Da sitzt im wahrsten Sinne des Wortes der Korken drauf und nichts geht mehr. Als Sängerin hat sie kein Problem damit. Da genießt sie die Bühnenpräsenz und hat auch keinerlei Berührungsängste mit ihrem Publikum.

Ab da war die Mission klar: Dieser Glaubenssatz muss weg oder vielmehr muss er in einen positiven umgewandelt werden. Denn was sich dermaßen tief eingebrannt hat, lässt sich nicht mal eben so löschen. Es gibt ein altes Sprichwort: Legt dir jemand Steine in den Weg, kannst du einerseits davor stehen bleiben und über den blockierten Weg jammern oder aber eine Brücke bauen.

Stell dir einmal vor, was passiert, wenn ein heftiger Glaubenssatz deine Entwicklung dauerhaft hemmt. Natürlich kannst du trotzdem z. B. an deiner Technik arbeiten und so Schritt für Schritt Selbstbewusstsein aufbauen, da du ja die Gewissheit hast, deiner Stimme etwas Gutes zu tun und mittelfristig besser zu klingen. Doch solange du auf die Bremse trittst, wirst du dein volles Potenzial nicht entfalten. Die Entwicklung deines Selbstbewusstseins fußt auf deiner Einstellung, deinem Mindset. Denk an deine Pflanze, die gedeihen soll. Kippst du sprichwörtlich »irgendwas« darauf, überlässt du es dem Zufall, ob und wie es wirkt. Nicht jeder Mist bringt Wachstumspotenzial.

Gleichzeitig ist auch nicht jedes Hindernis immer direkt ein negativer Glaubenssatz. Die geistigen Steine auf deinem Weg manifestieren sich in vielfältiger Art und Weise. In meinem eigenen Theaterleben war ich beispielsweise nach ein paar Jahren auf der Bühne an einem Punkt gar nicht mehr mit den Gedanken bei der Sache und wehrte mich unterbewusst sogar gegen eine anstehende Entscheidung. Was da passiert war, wurde mir aber erst Jahre später bewusst. Doch bis dahin hatte ich diesen scheinbaren Makel immer im Hinterkopf mit mir herumgetragen und stand ebenfalls schwer auf meiner eigenen Bremse.

Es war Ende der 1990er, als ich mich auf Anregung einer Kollegin an einem großen Theaterhaus in Leipzig als Schauspieler bewarb. So richtig glücklich war ich an meinem Stammhaus nicht mehr. Doch hatte ich noch nicht begriffen, dass ich mich einfach mehr fürs Sprechen interessierte als für die darstellende Kunst auf der Bühne.

Dramaturgie, Schauspieldirektor und Intendant des Leipziger Theaters hatten sich jedenfalls dazu bereit erklärt, mich zu empfangen und anzuhören. Es war fast schon eine kleine Weltreise für mich, denn bis nach Leipzig war ich locker fünf Stunden mit dem Auto unterwegs. Deshalb war ich darauf angewiesen, eine günstige Übernachtungsmöglichkeit zu finden. Ich fragte direkt vorab im Theater nach Empfehlungen für günstige Unterkünfte und erhielt die Auskunft, es gäbe im Theater Belegzimmer, die Schauspieler und auch Regisseure regelmäßig nutzten. Aktuell sei eines der Zimmer frei, also könne ich dort schlafen.

So nahm ich die weite Fahrt also entspannter auf mich. Mit meiner Sprechlehrerin hatte ich einige Rollen vorbereitet. Doch zwei Gedanken blockierten mich, ohne dass sie mir bewusst waren. Zum einen hatte ich als Quereinsteiger ja noch nie eine Schauspielschule von innen gesehen. Wenn ich auch schon zu jener Zeit über viel Bühnenerfahrung in professionellen Häusern verfügte, gab es doch auch immer wieder Kollegen, die ob meines vermeintlichen Makels die Nase rümpften. Mein Rückgrat war noch lange nicht so kräftig ausgebildet wie heutzutage, weshalb ich mein Manko tief in mir durchs Leben trug. Schauspieler können untereinander sehr abwertend sein. Und so ließ ich mich trotz aller Kompetenz, die mir durch Regisseure und Kritiker regelmäßig zugesprochen wurde, doch immer leicht verunsichern.

Zum anderen konnte ich mir damals aber auch noch nicht vorstellen, aus dem recht bequemen elterlichen Zuhause auszuziehen. Zwar verdiente ich bereits mein eigenes Geld, wohnte aber noch immer bei meinen Eltern – denen ich, welch ein Luxus, nichts abgeben musste. Sie waren stolz auf den Werdegang, den ich mir ausgesucht hatte, und der Verzicht auf eine Abgabe meines Einkommens in die Haushaltskasse war ihre Art, mich zu unterstützen. Dafür war und bin ich dankbar. Warum also hätte ich zu Hause ausziehen sollen?

Ich glaube, beide Gedankengänge – Inkompetenz durch fehlende Schauspielschule und »Hotel Eltern« – waren mir auf unterschwelliger Ebene durchaus bewusst. Doch dachte ich einfach nicht darüber nach, welche Auswirkungen sie auf mein Tun hatten. Anders ausgedrückt: Die mir sonst stets hilfreiche Selbstreflexion machte offenbar Urlaub. Also fuhr ich eben nach Leipzig, um »halt mal vorzusprechen«.

Der große Tag brach an und die drei hohen Herren des Hauses empfingen mich auf der Probebühne. Die Begrüßung war eher zurückhaltend. Zwar war der Intendant ein sympathischer Typ, den ich ja auch schon vom Telefon kannte, aber der Schauspieldirektor begrüßte mich mit den Worten »Na, schauen wir mal, was uns die Provinz da so geschickt hat. Eigentlich sind wir ja schon voll im Ensemble, daher weiß ich ehrlich nicht, was Sie hier tun, aber zeigen Sie halt mal ...«

Na, danke. Empathie und Herzenswärme beim Vorsprechen gab es nicht bei diesem Herrn. Eine Aussage meiner Sprechlehrerin kam mir in den Sinn. »Das Publikum«, so hatte sie immer gesagt, »das sind allesamt Kohlköpfe. Das Originalstück kennt doch keiner von denen. Also spiel deine Rolle und hab Spaß dabei.« Blöderweise waren jene drei Herren aus der Führungsriege des Theaters aber keine »Kohlköpfe«. Selbstverständlich würden sie alles kennen, was ich ihnen gleich präsentieren würde. Ich wurde nervös. Und vielleicht hatte ich obendrein meine Rollen schlecht gewählt – das habe ich nie hinterfragt. Auf jeden Fall trat ich äußerst halbherzig auf. Ich glaube sogar, das war die wahrscheinlich mieseste Darbietung, die ich jemals abgeliefert habe. Jedenfalls fühle ich das auch heute noch, fast 30 Jahre danach. Ich zeigte keine rechte Lust, keinen Elan. Und – kein Wunder – entsprechend hielt sich auch die Begeisterung meiner drei Zuschauer in Grenzen. Lautes, genervtes Atmen aus der Dunkelheit wenige Meter vor mir verschaffte mir somit auch die Gewissheit, dass ich diesem Trauerspiel augenblicklich ein Ende würde setzen müssen. Das tat ich dann auch. Mitten in meinem Monolog brach ich ab und sagte: »Okay, das war's jetzt. Ganz ehrlich, das fühlt sich gerade nicht richtig an. Und ich hätte nach dem Kommentar vorhin nicht einmal anfangen sollen. Bock haben Sie doch eh keinen. Das habe ich verstanden. Und mir ist die Lust mittlerweile auch vergangen. Tut mir leid.«

Plötzlich kam Leben in die Bude und die drei Herren versuchten, mich doch irgendwie zur Fortsetzung meiner jämmerlichen Vorstellung zu bewegen. Ob es ihnen leidtat oder sie sich damit nur selbst das Gefühl verschaffen wollten, nicht völlig umsonst hergekommen zu sein, weiß ich nicht. Immerhin sagten sie mir zu, dass ich trotzdem noch wie vereinbart das Belegzimmer eine weitere Nacht nutzen dürfe, um nicht direkt nach diesem emotionalen Tiefpunkt auf die Autobahn zu müssen.

Was mich diese Geschichte gelehrt hat? Du kannst hart auf einen Termin hingearbeitet haben, dein Topic im Schlaf kennen. Aber wenn deine innere Einstellung, dein Mindset nicht passt, klappt es nicht. Inhaltlich war ich akkurat gewesen. Meiner Rollenpräsentation hatte jedoch schlicht und ergreifend die Seele gefehlt. Sprechen ist Kopfsache. Was im Innersten nicht passt, passt eben nicht.

Erschwerend kam noch hinzu, dass ich im Grunde ja schon längst mit der Schauspielerei abgeschlossen hatte. Ich wollte gar kein Schauspieler mehr sein. Denn meine wahre Liebe gehörte dem Sprechen. Dort lag meine Zukunft. Davon wollte ich leben. Eigentlich ...

Warum ich damals noch längst nicht hauptberuflich als Sprecher arbeitete? Drei Worte: Angst vor Sichtbarkeit. Und das als jemand, der fast allabendlich auf der Bühne stand. Der Unterschied: Auf der Bühne hatte ich meine Rechtfertigung, auffallen zu dürfen. Dort gehörte es zur Rolle. In meinem Kopf machte das einen Riesenunterschied. Für meine Zuhörer allerdings nicht.

In diesem Moment kommt mir wieder der alte Spruch meiner beiden Sprecherzieher in den Sinn: Die Leute im Publikum, das sind alles Kohlköpfe. Leider kann ich die beiden nicht mehr fragen, da sie vor einigen Jahren verstorben sind. Aber wäre es möglich, dass auch das hinter dem zunächst so salopp klingenden Spruch steckt? Ich bin der festen Überzeugung, dass sie damit auch meinten: Es ist völlig egal, wer dir zuhört. Kümmere dich um deine Inhalte und zieh dein Ding durch.

Es ist unerheblich, ob du auf der Bühne sprechen willst, Präsentationen im Betrieb halten oder einfach zu deiner Strahlkraft finden und sie ausleben willst. Das Mindset ist immer dasselbe. Die Angst vor Sichtbarkeit hat immer auch damit zu tun, dass andere dir widersprechen könnten. Bei mir war das so. Was, wenn mir Kollegen auf meine Posts antworten und mir Fehler ankreiden? Und das haben sie auch, der eine oder andere macht das sogar regelmäßig. Nur sagt das nichts aus über meine Expertise. Und ebenso wenig über deine. So viele Köpfe, so viele Ansichten, das wusste schon Horaz im alten Rom. Hab keine Angst, Widerspruch zu erfahren, und freu dich, dass du wichtig genug bist, dass andere dir antworten.

Souveränität

In welchen Situationen fühlst du dich eher unbehaglich? Und was genau ist dir dann unangenehm? Ist es grundsätzlich die öffentliche Präsenz oder hast du Bedenken, du könntest bei Präsentationen wichtige Inhalte verdrehen und den Faden verlieren?

Die Bezeichnung des Publikums als Kohlköpfe bezog sich nicht auf die Intelligenz, sondern eher auf den Sachverhalt, dass, wären sie Experten auf dem betreffenden Gebiet, sie ja diese Präsentation halten würden. Es hat einen Grund, dass gerade du da vorn stehst. Und auch wenn es verschiedene Kollegen geben mag: Warum sollte dich überhaupt ständig einer prüfen? In vielen Fällen dürften deine Zuhörer ja sogar froh sein, nicht selbst an deiner Stelle zu stehen und dir entspannt zuhören zu dürfen. Also entspann dich ebenfalls und genieß die Aufmerksamkeit. Denn das sind die Momente, in denen du etwas bewegen kannst. Stehst du still in der Ecke oder sitzt schweigend auf deinem Stuhl, verändert sich auch nichts. Aber wenn du vorn stehst, bist du in diesem Moment sichtbar und alle anderen nicht. Welche Ziele hast du dir selbst gesteckt? Und wie willst du sie erreichen? In jedem Fall dürfte es schwerer werden, solange du unsichtbar bist. Positiv auffallen ist also die Devise.

Was ist jedoch, wenn ein Fehler passiert, du dich versprichst oder gar einen Inhaltspunkt überspringst und noch mal ein paar Schritte zurückgehen und weiter ausholen musst? Wie peinlich ... aber ernsthaft: Denkst du so? Nimm dich nicht zu ernst. Natürlich verlangt jedes Thema seine eigene Portion an Ernsthaftigkeit. Aber wenn ein Fehler passiert, egal ob er technischer Natur ist oder du dich grob verhaspelst und Worte verwechselst: Du bist ein Mensch und Fehler passieren. Komm damit klar. Anders ausgedrückt: Spring beidbeinig hinein und steh dazu. Der Politiker Rainer Barzel sagte einst: »Wer nicht handelt, der wird behandelt.«[9]

Im Zusammenhang mit Fehlern lässt dieser Spruch eine breite Palette an Handlungsmöglichkeiten zu. Entweder du gehst lächelnd über deinen Fehler hinweg und machst kompetent weiter, als wäre nichts gewesen, oder du kommentierst ihn direkt, suchst Ausflüchte oder rechtfertigst dich dafür. Mach das bitte nicht. »Hoppla, da war ich dermaßen im Galopp und renne doch glatt am wichtigen Punkt vorbei. Drehen wir das Ganze also nochmals ein paar Sekunden zurück. Kommen Sie mit?« Mach etwas daraus.

Auch wenn das Thema vielleicht keinerlei Spielraum für humorvolle Einwürfe lässt, wirkt es doch entspannend und souverän, wenn du es schaffst, eine Situation zu deinen Gunsten zu drehen. Überlege dir, während du dich auf deine Präsentation vorbereitest, wie du im Falle eines Fehlers reagierst. Leg dir gezielt schon einige möglichst geistreiche Kommentare zurecht und lerne sie auswendig. Wenn du sie dann in der nächsten Präsentation doch nicht brauchst: umso besser. Dann hast du sie in Zukunft parat.

In einige meiner Vorträge habe ich bewusst kleine Fehler eingebaut. Ich fand immer, das wirkt Wunder auf mein Publikum und erhöht die Aufmerksamkeit. Probiere es einmal aus und spiele damit. Übertreibe es nur nicht, denn schließlich sollen die Menschen weiterhin von deiner Kompetenz überzeugt bleiben. Kleine Fehler ändern daran rein gar nichts. Im Gegenteil: Sie können dir ein Stück weit mehr Profil verleihen.

Verschwende nur nicht allzu viel Zeit darauf, dir zu überlegen, welche Fehler du bewusst einbauen könntest. Nutze diese Möglichkeit lediglich, wenn dir im Rahmen deiner Vorbereitung ein sinnvoller Einsatz für einen kleinen Fehler einfällt. Ein positiver Nebeneffekt besteht darin, dass deine Anspannung von dir abfällt, sobald du einen Fehler gemacht hast. Passiert ist passiert, egal ob gewollt oder nicht.

Am sinnvollsten ist es allerdings, dich bewusst auf mögliche Fehler vorzubereiten. Überlege, was du dann sagst und wie du reagierst. In einem solchen Moment erst anzufangen, darüber nachzudenken, kann dich aus dem Konzept bringen. Genau das willst du ja unbedingt vermeiden.

Zieh nur niemals etwas ins Lächerliche. Hier sei der gesunde Menschenverstand vorausgesetzt. Setze Lockerheit bitte auch nicht mit fehlendem Respekt gleich. Locker ist nicht lustig, sondern meine Definition von selbstbewusster Präsentation. Ich bin der Ansicht, es macht einen großen Unterschied, ob du während deiner Präsentation die Fäuste ballst und dir Schweißtropfen auf der Stirn stehen oder eben nicht.

Bereite dich vor, um dem Krampf die Existenzgrundlage zu entziehen. Das betrifft die guten wie auch die weniger guten Ereignisse, die eintreten können. Wenn du nun einwendest, dass du ja nicht alles voraussehen kannst, widerspreche ich dir. Zwar mag nicht jedes Detail planbar sein, aber wie wäre es denn, wenn du dich mit der Tatsache anfreundest, dass generell etwas eintreten kann? Verabschiede dich von krampfigem Perfektionismus und sag »**Ja**« zu Unvorhergesehenem. Du erinnerst dich? Was bitte soll dich da noch aus der Bahn werfen können?

»Schlagfertigkeit ist das, was du gern gesagt haben möchtest.«[10] So soll es einmal der US-Journalist Heywood Broun ausgedrückt haben. Das Tolle daran ist: Du kannst auch diese Fähigkeit erlernen. Dass du dir manche Kommentare lange vorher zurechtgelegt hast, muss ja niemand wissen. In diesem Moment erfährt der alte Spruch meiner Mentorin eine ganz andere Tragweite: Dein Publikum besteht aus Kohlköpfen. Niemand dort weiß, was du alles vorbereitet hast. Sie hören im Zweifel nur den schlagfertigen Kommentar, und du hast gewonnen. Doch wie in mitreißend erzählten Witzen müssen auch bei schlagfertigen Kommentaren sowohl Timing als auch Pointe stimmen. Und darum gilt besonders in diesem Bereich: üben, üben, üben.

Vor einigen Jahren musste ich vor einem Konferenzsaal voller Ärzte anlässlich der Eröffnung eines Krankenhausanbaus das Rahmenprogramm moderieren. Es liegt in der Sache von Medizin und Architektur, dass immer wieder Worte auftauchten, die schwierig auszusprechen sind. Und natürlich hatte ich alles fleißig geübt, doch es kam, wie es kommen musste. Ich verhaspelte mich, setzte neu an und scheiterte direkt ein weiteres Mal. Ich warf einen Blick ins Publikum und sagte: »Herrje, Notiz an mich selber: Mach beruflich nie was mit Sprache.«

Die Stimmung war augenblicklich heiter. Niemand wusste, dass ich mir den Satz vorher zurechtgelegt hatte. Nur jetzt rate mal, worum sich die meisten meiner Gespräche im Anschluss drehten? Da gaben die Anwesenden diverse Anekdoten zum Besten. Wie hätte es hingegen gewirkt, wenn ich mich in dem Moment verkrampft und das Wort noch dreimal falsch ausgesprochen hätte?

Deshalb: Bereite dich vor. Meine Kreativität ist am größten, wenn ich Ruhe habe. Dann sprudelt es förmlich aus mir heraus. Ob ich mit dem Hund spazieren gehe oder mich zum kurzen Powernap ablege, ist dabei egal. Sobald mir ein Geistesblitz kommt, zücke ich mein Handy und spreche mir mittels der Diktiergerätfunktion ein kurzes Memo auf. Manchmal trage ich mir den Gedanken auch in mein kleines Notizbuch ein, das ich ebenfalls fast immer bei mir trage. Finde dein eigenes System. Sobald es für dich funktioniert, ist es genau richtig. Bewährte Kommentare trage ich mir auch in einer Liste ein, die ich, vor allem in Vorbereitung auf Vorträge, immer wieder durchgehe. Mit der Zeit trägst du ein ansehnliches Arsenal zusammen und wirst feststellen, dass dich schon bald keine Situation mehr so richtig aus der Ruhe bringen kann.

Ich empfehle nur dringend, dass du dir einige Standards zu eigen machst: keine Politik, keine Ethnien, keine Geschlechter und niemals unter die Gürtellinie. Abgesehen davon steht dir das ganze Universum deiner Fantasie zur Verfügung. Bedenke allerdings immer, dass es nicht ausreicht, dir lediglich Gedanken zu machen bzw. tolle Einfälle aufzuschreiben. Du willst sie ja auch bei Bedarf laut aussprechen. Genau aus diesem Grund solltest, nein, **musst** du dich vorab in Ruhe an den Klang des Gesagten gewöhnen.

Gerade in diesem Bereich habe ich eine schöne Lernkurve hinter mich gebracht. Denn wie ich ja bereits schrieb, bin ich in ruhigen Situationen am kreativsten. Warum also sollte ich dann laut sprechen? Und, noch schlimmer: Was, wenn mich jemand hörte, wie ich Selbstgespräche führe? Doch es führt kein Weg daran vorbei: Alles, was entsprechend klingen soll, musst du vorab einmal laut aussprechen. Hörst du dich selbst das erste Mal in der »kritischen« Situation, kann dich das hervorragend aus dem Konzept bringen. Muss ich eigens erwähnen, dass es mir etliche Male so ging, bis ich es kapiert hatte? Da bereitest du dich stundenlang vor, notierst dir alles und im entscheidenden Moment kegelst du dich selbst raus. Wenn du willst, dass andere dir zuhören, hör dir selbst zu. Anders ausgedrückt: Wenn du nicht bereit bist, dir zuzuhören, warum sollten andere es tun?

Doch aller Vorbereitung zum Trotz: Was passiert, wenn du einen Fehler machst, aber keinen schlagfertigen Kommentar parat hast? Scham und Selbstvorwürfe? Möglicherweise denkst du: »Oh Mist, jetzt habe ich einen Fehler gemacht. Halten mich die Zuhörer jetzt für schlecht vorbereitet? Wie komme ich da nur wieder raus?« Selbst wenn Gedanken wie diese nur Bruchteile von Sekunden füllen, bist du in diesem Moment neben der Spur. Du fängst unwillkürlich an, dich zu verkrampfen. Tappe nicht in diese selbst gebaute Falle. Denn jeder Krampf wirkt sich auf dein in diesem Moment wichtigstes Instrument aus: deine Stimme. Ein Krampf im Kopf erzeugt einen Krampf im Hals. Lass das nicht zu.

Es ist auch möglich, dass du deinen Fehler vielleicht nicht einmal eigenständig bemerkst und jemand aus deiner Zuhörerschaft dich darauf hinweist. Wie reagierst du? Bereite dich auch auf solche Situationen vor. Du wirst merken, dass du niemals alle Situationen umfassend vorbereiten kannst. Ich bin der Ansicht, das ist kein Grund, Angst zu haben. Im Gegenteil finde ich genau das mittlerweile sogar spannend und habe gelernt, mich solchen Herausforderungen offen zu stellen. Denn es mag zwar sein, dass du nie alle Situationen mit dem jeweils passenden Kommentar vorbereiten kannst. Du bist jedoch in der Lage, dir universelle Reaktionen zurechtzulegen und dich an Handlungsmuster zu gewöhnen. In welcher Form willst du generell reagieren, in welcher auf keinen Fall? Es reicht, wenn du dir Sätze wie »Sie haben völlig recht« oder »Hoppla, dann gehen wir doch noch mal kurz zurück« zurechtlegst und laut aussprichst. Allein das gibt dir schon spürbar mehr Sicherheit. Im Grunde genommen ist es sogar völlig egal, in welchem Ton oder gar welcher Intention dich jemand auf einen Fehler hinweist. Wir alle kennen diese Menschen, die entweder grundsätzlich laut mit ihren Bemerkungen herausplatzen oder sich durch eine unpassende Wortwahl auszeichnen. Das alles spielt für dich überhaupt keine Rolle. Sieh jegliche Reaktion deines Publikums als Energie, die freigesetzt wird, und freu dich darüber. Nimm diese Energie und verwandle sie in dein Leuchten.

Also: Duck dich nicht weg, sondern spring beidbeinig hinein – im übertragenen Sinne, versteht sich. In diesem Moment zeigst du Größe. Und merk dir: Die eindrucksvollsten Sprecher sind diejenigen, die souverän mit Fehlern umgehen können, und nicht solche, die stets perfekt sind bzw. es sein wollen. Es sind die kleinen Unregelmäßigkeiten, die den Unterschied ausmachen. Sie wecken schließlich das Interesse an deiner Person und halten dich im Gedächtnis. Zieh es nicht nur in Betracht, dass dir Fehler unterlaufen können, sondern akzeptiere es als Tatsache, dass es so kommen kann und eines Tages auch wird. Mit diesem einfachen Mindset nimmst du deinen Ängsten ihre Macht. Der wunderbare Nebeneffekt ist, dass du viel unverkrampfter an Präsentationen aller Art herangehst. Mach dir allerdings auch klar, dass es Zeit und Übung braucht, das zu verinnerlichen. Ich verspreche nicht gern Wundermittel und Soforthilfen. Lieber ist mir, wenn du meine Tipps annimmst und dann in der Umsetzung merkst, wie sie wirken. Meine Mission ist es, dir ein Gefühl für die Macht deiner Stimme zu vermitteln. So erhältst du nach und nach ein stabiles Fundament. Das darf durchaus etwas Zeit benötigen.

Wie bei allem, was mit Sprache zu tun hat, steht und fällt dein Erfolg auch an dieser Stelle damit, wie sehr du dich darauf einlässt, in deiner normalen Sprechlautstärke zu üben. Eine Riesenbarriere kann da schon sein, dies in den eigenen vier Wänden tun zu müssen. Schließlich könnten dich dort ja Partnerin, Partner oder Kinder hören. Lach nicht: Ich dachte jahrelang, nur mir gehe es so. Zeitweise fing ich damit an, meinen Partner deshalb zu verurteilen, ohne je mit ihm darüber gesprochen zu haben. Als ich ihn schließlich damit konfrontierte, zuckte er nur mit den Schultern und sagte, ich solle doch einfach üben. Solange ich das nicht in seinem Büro mache und damit seine Arbeit behindere, sei ihm das herzlich egal.

Dennoch muss die eigene geistige Barriere in diesem Moment noch lange nicht Geschichte sein. Wie oft verhalten wir uns im beruflichen Umfeld völlig anders als im Kreise der Familie? Häufig ist es uns aus Gründen, die wir uns nicht einmal entfernt eingestehen wollen, unangenehm, diese Seiten den Menschen zu zeigen, mit denen wir am vertrautesten sein sollten. Sei dir auch an dieser Stelle gewiss: Du befindest dich in bester Gesellschaft, wenn du diese Gefühle kennst. Mein Knoten löste sich, als ich mich selbst fragte, was denn eigentlich schlimmer sei: daheim zu üben oder draußen zu versagen. Die Antwort fand ich recht einfach.

Strahlkraft

Da ist es, dieses Leuchten, das andere neugierig macht und anzieht. Was du früher maximal als »Stimme, die du gern hörst« abgetan hast, nennt sich tatsächlich Strahlkraft. Wenn du sprichst und deine Zuhörenden dir das Gefühl vermitteln, sie nehmen etwas mit von dem, was du sagst und wie du dich gibst: Das ist sie, deine Strahlkraft. Doch sie kommt nicht allein daher. Unmittelbar verbunden mit deinem Selbstbewusstsein, ist sie umgeben von jenen Elementen, ohne die sie nicht zur Geltung kommen kann. Das sind deine rhetorischen Mittel. Wortwahl, Körpersprache, Artikulation, Rhythmus, Modulation, Geschwindigkeit, Lautstärke, Empathie – sie alle bilden den Rahmen, in dem du deine Strahlkraft voll entfaltest. Fehlt eines, dann verändert das einiges.

Bei unserer Pflanze übt der sogenannte Stempel eine magische Anziehungskraft aus. Bienen landen dort gern. Den Rahmen dazu bilden die Blütenblätter, oftmals wie eine Art Trichter, der den Anflug erleichtert und den Fokus aufs Ziel verstärkt. Wie die Pflanze selbst gibt es auch Blütenblätter in allen erdenklichen Farben und Formen. Manche gehen fließend ineinander über. Andere grenzen sich klar durch Farbnuancen ab. Wieder andere sind so zahlreich vorhanden, dass die Grenzen zwischen ihnen und dem Stempel verschwimmen. Doch sie sind da. Reißt du ein paar aus, dann fällt das auf. Dann fehlt etwas.

Das Zusammenwirken von deiner Strahlkraft und deinen rhetorischen Mitteln ist ähnlich untrennbar. All deine Fähigkeiten, Sprache zu formen, haben ihren festen Platz in deinem Auftreten. Und vernachlässigst du eines, hat dies Konsequenzen. Spot an: Werfen wir einen intensiven Blick auf deine Strahlkraft.

Spiegel deiner Persönlichkeit

Deine Stimme strahlt dein Innerstes nach außen. Einige Kapitel weiter vorn habe ich dir ja schon über die Entstehung des Begriffs »Person« berichtet. Die tiefe Wahrheit dahinter ist, dass nur dort, wo auch im Innern etwas vorhanden ist, gestrahlt werden kann. Genau daran arbeitest du ja seit der ersten Seite dieses Buchs.

Sagen wir jemandem salopp so etwas wie »Du hast so eine tolle Stimme«, dann geht es gar nicht um die Stimme an sich, sondern um die Art und Weise, wie du sie einsetzt. Eine Stimme kann einen noch so eindrucksvollen Naturklang haben – wenn ihr Besitzer (oder ihre Besitzerin) sie nicht einzusetzen weiß, dann bewirkt dies nichts beim Gegenüber im Ohr. Gleichzeitig gilt aber auch, dass du sie dennoch effektiv nutzen und einsetzen kannst, selbst wenn du deine Stimme von Natur aus gar nicht für sonderlich eindrucksvoll halten solltest.

Hast du schon einmal jemanden so richtig um seine Stimme beneidet? Also ich schon. Ja, **ich**! Früher ... Denn gerade in meinem Beruf als Sprecher und Schauspieler treffe ich andauernd mit Kollegen zusammen, die mit tollen Stimmen gesegnet sind. Selbstverständlich habe ich das nie laut ausgesprochen. Dabei wäre ich mir völlig unglaubwürdig vorgekommen. Schließlich bekam ich ja schon andauernd zu hören, wie toll meine Stimme sei. Dennoch: So ein bisschen Neid verspürte ich ab und zu.

Ich hatte aber über viele Jahre nicht begriffen, dass es gar nicht um meine Stimme an sich ging, sondern immer nur um meine Art zu sprechen. Entsprechend beneidete ich also Kollegen mit vermeintlich besseren Stimmen. Damit meinte ich jedoch lediglich, dass ich aus der jeweils von mir begehrten Stimme deutlich mehr hätte machen können.

Das war z. B. bei jenem Kollegen in einem Boulevard-Theater der Fall, in dem ich einst einen Gastvertrag erhalten hatte. Er war deutlich älter als ich, hatte früher an großen Häusern im Ballett getanzt, doch diese Zeiten waren längst Geschichte. Neben seinem Talent für den Tanz hatte er eine extrem tiefe, basslastige Stimme. Sie hatte ihm den Weg auf die Schauspielbühnen geebnet, auf jeden Fall den auf ebendiese Bühne, auf der ich an seiner Seite eine Zeit lang auftreten durfte. Allzu viel weiß ich über ihn nicht mehr, nur noch, dass ich ihn immer hörte, auch wenn ich ihn gar nicht immer hören wollte. Ob er unzufrieden mit seinem eigenen Leben war oder nur gern jüngere Kollegen wie mich quälte, das kann ich nicht mit Gewissheit sagen. Jedenfalls war er sich der durchdringenden Wirkung seiner Stimme bewusst. Es verging kaum ein Tag im Theater, an dem er nicht jede Gelegenheit genutzt hätte, mir zu sagen, dass ich mageres Bürschlein auf der Bühne schon mehr von mir zeigen müsse, um ihn zu beeindrucken. Ich sei ja gerade erst 20 Jahre jung und als Seiteneinsteiger blutiger Amateur. Aber ach, seine Kollegen könne er sich ja nicht aussuchen ...

Tatsächlich war das Mobbing, vorgetragen in wohlklingendem Bass. Und ich hatte damals noch kein ausgeprägtes Selbstbewusstsein, um mich dagegen behaupten zu können. Also ertrug ich die tägliche Portion Demütigung meist schweigend. Ich war auf den Job angewiesen und erhoffte mir, jedenfalls zu Beginn noch, weitere Engagements an jenem Theater, da ich dort eine deutlich bessere Gage verdiente als an meinem Stammhaus. Die Schwierigkeit war nur: Er zählte zur Stammbesetzung jener Bühne.

Immerhin ein Vierteljahr habe ich durchgehalten. Nach einer intensiven Probenphase feierten wir alle gemeinsam die Premiere des Stücks und die deutlich angenehmere Zeit der allabendlichen Vorstellungen begann. Denn ab diesem Punkt war ich nicht mehr den größten Teil des

Tages an das Theater gebunden, sondern kam lediglich abends für die Vorstellungen ins Haus.

Unter Kollegen besucht man regelmäßig die Vorstellung der anderen und tauscht sich aus. An einem Abend saß einer der Regisseure meines Stammhauses im Publikum. Auf sein Urteil war ich besonders gespannt, da ich nicht nur als Schauspieler, sondern auch als Regieassistent in etlichen Produktionen mit ihm hatte arbeiten dürfen. Und wenngleich auch er, wie so viele Bühnenmenschen, stets mit Vorsicht zu genießen war, so hatten mich seine Kritiken dennoch nie verletzt, sondern mir immer konstruktiv auf meinem Weg weitergeholfen.

Nach der Vorstellung ließen wir den Abend gemeinsam bei einem Kaltgetränk ausklingen, da meinte er plötzlich: »Dieser Kollege mit der tiefen Stimme ... viel anderes hat er nicht, oder? Schade eigentlich. Er könnte so viel daraus machen, aber offenbar glaubt er, das nicht tun zu müssen, weil er ja seine Stimme hat. Der kennt genau zwei Tonarten: laut und aus.« Ich strahlte, so richtig von innen heraus. Abgesehen davon, dass ich diese Kritik aufgrund meiner unangenehmen Vorgeschichten mit dem Kollegen als extrem wohltuend empfand, brachte sie mich dazu, bei den verbleibenden Vorstellungen und den Gesprächen in deren Rahmen genauer hinzuhören.

Und tatsächlich festigte sich mit der Zeit mein Eindruck, dass jener Kollege seine Stimme nicht als Instrument, sondern eher als Hammer sah und einsetzte. Mein Regisseur hatte durch sein Urteil meinen Blickwinkel auf jenen Kollegen verändert. Sein Motto war nur »drauf«, und er nannte es große Kunst. Kannst du dir vorstellen, dass seine Schikanen künftig wirkungslos an mir abprallten?

Wann immer du künftig denkst »Warum habe ich nicht **diese** Stimme?!«, ändere deinen Blickwinkel. Hör den anderen zu, aber beneide niemanden.

Lass dich höchstens durch einen vorhandenen Vorsprung dazu antreiben, noch intensiver an dir zu arbeiten.

Paradoxerweise ist es nämlich nach meiner Erfahrung so, dass wir uns zwar dann und wann nach einer anderen Stimme sehnen. Würden wir diese jedoch einfach nehmen und in unseren eigenen Körper einsetzen, passte das Ergebnis nicht zusammen. Wenn du dich mit deiner eigenen Stimme, deinem Instrument, beschäftigst und lernst, es einzusetzen, dann ergibt das ein authentisches Bild.

Geständnis eines alten Meisters

Es war ein weiteres Mal mein langjähriger Mentor Kurt Müller-Graf, der mir Stoff zum Nachdenken lieferte. Ihm hatte ich meinen Wunsch nach einer anderen Stimme einst gestanden. Anstatt mich aber, wie vielleicht erhofft, mit ein paar weisen Worten wiederaufzubauen, pflichtete er mir bei. Davon wollte ich erst gar nichts hören, aber er bestand darauf, dass auch er nicht immer glücklich war mit seinem Organ. Da saß dieser elegante Grandseigneur vor mir, der in damals bereits über 70 Berufsjahren auf jeder bedeutenden deutschsprachigen Bühne jede bedeutende Rolle hatte spielen dürfen, welche die Literatur aufbot, und er hatte die Stirn, sich über seine Stimme zu beschweren. Unbegreiflich war mir das vor allem, weil ich ihn schon so oft auf Empfängen und in Vorstellungen hatte erleben dürfen. Wann immer er in einen Raum kam, trat fast unmittelbar Schweigen ein. Solch eine unglaubliche Präsenz hatte er, auch ohne ein einziges Wort zu sagen. Wenn er es dann doch tat, hätte man in seinen Sprechpausen eine Stecknadel fallen hören können, so gebannt hörten ihm alle zu. Dabei war egal, wie voll der Raum war. Er strahlte pure Autorität aus, nutzte dies aber auf die netteste Art, die man sich vorstellen kann.

Wie habe ich Kurt verehrt und beneidet! »Doch, doch, ich war nicht immer glücklich«, gestand er. »Wie gern hätte ich einmal nicht den Faust gespielt, sondern den Mephisto. Doch ich sei eindeutig ein Doktor Faustus, sagten sie mir stets. Mephisto? Nein, der müsse völlig anders klingen ...« Mein Mitleid hielt sich in Grenzen, wusste ich doch, dass Kurt rein gar nichts in seiner langen Karriere zu bedauern hatte. Er war ja auch glücklich dort, wo er war, und er blickte stolz und ehrfürchtig auf seinen Weg zurück. Seine Worte aber klingen noch immer nach bei mir. Sogar er hatte einst den Wunsch nach einer anderen Stimme verspürt. Ist das ein Luxusproblem oder Menschlichkeit? In Kurts Fall wohl ein wenig von beidem. Das Wichtigste ist, dass du bei dir selbst ankommst. Hör auf, jemand anders sein zu wollen, und mach dich um Himmels willen nicht mehr selbst fertig.

Perfektionismus

Dich selbst fertigzumachen und darunter zu leiden ist eine Sache. Zu glauben, dass dir nichts gelingt, und dir auf diese Weise seelischen Schmerz zu bereiten, eine andere. Es nennt sich Perfektionismus. Kennst du ihn? In Sachen Stimme kann man sich ganz hervorragend herabwürdigen. Über Jahre war ich sehr hart zu mir selbst und vergab mir nur schwer eigene Fehler – vor allem in Sachen Stimme. Es konnte bei aller Professionalität vorkommen, dass ich für ein paar simple Sätze weitaus mehr Zeit im Studio verbrachte, als mein längst erreichter Grad der stimmlichen Perfektion hätte vermuten lassen. Mal stimmte dies nicht, mal passte da etwas nicht, wenn auch lediglich in meinen Ohren.

Mein Anspruch war stets, die perfekte Aufnahme abzuliefern. Nur genau da liegt auch schon der Haken: Wer beurteilt Perfektion? Im Fall meiner Studiotätigkeiten ist das traditionell die Aufgabe meiner Kunden. Wie oft kam es damals vor, dass ich eine Aufnahme am liebsten noch zigmal wiederholt hätte, doch meine Kunden saßen längst breit grinsend da und streckten mir die hocherhobenen Daumen entgegen. Mir selbst hätte ich meine Arbeit unzählige Male nicht abgenommen. Doch der Kunde ist König. Ich bin nur Dienstleister. Es war eine harte Lektion, die mich viele Nerven kostete. Meine Kunden waren immer zufrieden, ob ich nun die Aufnahme viele Male wiederholte oder sie genau einmal einsprach. Nur im letzten Fall hatte ich weit weniger Stress.

Wer also ist der größte Faktor in deiner Stimmentwicklung? Das bist du selbst. Du allein hast die Macht zu verhindern, dass du weiterkommst, indem du dir falsche Vorbilder suchst und immerzu glaubst, sie nie erreichen zu können. Räume nicht jedem um dich herum die uneingeschränkte Kompetenz ein, deine stimmliche Leistung beurteilen zu können. Es ist jedoch fatal, dich selbst überkritisch zu beurteilen. Auf dem Weg zu mehr Entspannung in Sachen Perfektionismus hilft dir die anfangs vorgestellte wertfreie Analyse. Nimm dich regelmäßig auf und notiere dir Punkte, die du beim nächsten Mal anders machen wirst.

Vorbereitung

Deine Außenwirkung lebt ganz besonders davon, wie souverän du mit unterschiedlichsten Alltagssituationen umgehst. Mein ganz einfaches Rezept für dich heißt: Vorbereitung. Was erst mal nach viel zu viel Arbeit klingt, entpuppt sich bei genauerer Betrachtung als absolut leistbar. Überleg dir, in welchen Situationen du gern souveräner auftreten willst. Ich bin mir sicher, auch du wirst sie an maximal beiden Händen abzählen können. Dabei ist es unerheblich, ob du im direkten Kontakt mit Kunden bestehen willst oder bei diversen Meetings, die zwar besser eine E-Mail geworden wären, dann aber doch in Präsenz abgehalten werden. Auch das gemeinsame Mittagessen mit einer Gruppe Kollegen könnte dazu zählen. Unser Alltag gestaltet sich in den meisten Fällen recht fantasielos. Und ich kenne bisher niemanden, der andauernd völlig neue, bisher nie dagewesene Situationen zum allerersten Mal erlebt. Zwar mögen sich Themen und Gespräche immer wieder anders entwickeln, aber unterm Strich erlebst du nie die großen Wechsel. Das heißt für dich: Du kannst damit arbeiten.

Du willst an deiner Schlagfertigkeit arbeiten? Dann hör ab jetzt in den entsprechenden Situationen genau hin, mach dir Notizen über Kommentare, die du gern gegeben hättest, dir aber erst viel zu spät eingefallen sind. Und dann lerne sie. Ja, du liest richtig. Lerne sie, als ob du eine Rede einstudierst. Und für jede andere Situation machst du genau dasselbe. Wenn du im Gespräch mit Kunden oder Kollegen oft das Gefühl hast, nicht weiterzukommen, dann mach auch diese Punkte ausfindig. Überlege dir, was dafür passende Antworten wären. Und dann lernst du auch sie.

Aber Achtung, Falle: Mit **Üben** meine ich tatsächlich auch, sie laut zu üben, in deiner normalen Sprechlautstärke. Warum ist das so? Sobald dir die Idee für eine tolle Formulierung kommt, dann mag die auf dem Papier überzeugend aussehen. Doch es ist etwas völlig anderes, sie ausgesprochen zu hören. Nehmen wir an, du bereitest eine Antwort für einen Kollegen vor, der dich immer auf eine bestimmte Weise aufzieht. Deine Antwort liest sich super und du lachst jedes Mal, wenn du nur daran denkst. Dann aber sprichst du sie tatsächlich laut dem Kollegen gegenüber aus und merkst in dem Moment, dass du, ohne es zu beabsichtigen, z. B. eine Beleidigung eingebaut hast. Im Beisein von deinen Kollegen wäre das verheerend.

Übe darum alles, was du sagen willst, laut. Dann hörst du es, und zwischen deinem Hör-Empfinden und deinem Lese-Empfinden wirst du immer wieder massive Unterschiede feststellen. Es muss ja auch nicht immer gleich beleidigend sein, was du sagst. Ähnlich schlimm ist es aber, wenn du dir eine Formulierung ausdenkst, die du dann aber nicht sauber rausbekommst und die durch einen Verhaspler deinerseits völlig untergeht.

Ich mache das jeden Morgen, während ich mit unserem Hund Bonfire übers Feld spazieren gehe. Würdest du uns beiden begegnen, gäben wir für dich wahrscheinlich ein sehr seltsames Bild ab. Beim lauten Ausformulieren probiere ich auch verschiedene Satzstellungen aus. Was klingt besser? Wo könnte ich noch stärker klingen? Und ich nehme mich dabei auf – immer und immer wieder, nicht nur als Vorbereitung für Vorträge. Ohne diese liebgewonnene Routine würde auch ich sonst mitten im Einsatz anfangen zu überlegen und mich dabei ertappen, dass ich Dinge sage, die ich so vielleicht gar nicht hatte äußern wollen. Dafür bin ich zu eitel und will mir das ersparen. Also führe ich bewusst Dialoge mit mir selbst.

Die Wirkung spricht für sich. Wann immer ich an Businesstreffen teilnehme oder an Veranstaltungen, auf denen ich erwarte, mich bei potenziellen Geschäftspartnern oder Kunden vorstellen zu dürfen, überlege ich mir vorher, wie ich mich präsentiere. Diesen Wortlaut sage ich mir schon Tage vorher immer wieder laut vor, ändere noch kleine Details, bin dann aber im Einsatz selbstsicher. Vielleicht mag das befremdlich auf Menschen wirken, die es seit Jahren gewohnt sind, öffentlich zu sprechen. Nur war ich es ganz lange eben nicht gewohnt. Auch wenn ich grundsätzlich zwar ein sehr kommunikativer Zeitgenosse war, hatte ich dennoch immer Probleme. Ich wurde im Ernstfall nervös oder ließ mich durch zahlreiche äußere Einflüsse leicht ablenken. In all den Jahren zuvor, als ich diese einfache Grundregel noch nicht beachtete, ging ich zwischen all den altgedienten Profis und einfach lauteren Menschen sang- und klanglos unter.

Das ist auch heute noch immer dann der Fall, wenn ich zu bequem bin, mich vorzubereiten. Ich versuche daher, nichts mehr dem Zufall zu überlassen. Gleichzeitig ist es aber auch nicht so, dass alles, was ich von mir gebe, auswendig gelernt ist. Auch das wäre wieder zu viel des Guten. Mit der Zeit, das wirst du merken, bekommst du Routine in allerlei kommunikativen Situationen. Da sitzen dann etliche Formulierungen fest in deinem Gedächtnis und sind im Ernstfall immer abrufbereit.

Deshalb lautet meine Empfehlung auch: Notiere dir einmal, in welchen Situationen du zukünftig gern schlagfertiger und generell wortgewandter auftreten willst. Schreib alternativ auf, in welchen Situationen du in den letzten zwei Wochen das Gefühl hattest, dass du durch etwas mehr Schlagfertigkeit einiges zu deinen Gunsten hättest drehen können. Ich habe dir auf der nächsten Seite für deine Notizen Platz gelassen.

In welchen Situationen willst du zukünftig souverän auftreten? Schreib sie auf. Formuliere es nicht zu speziell. Du wirst merken, es sind gar nicht so viele unterschiedliche Momente.

Körperhaltung

Selbstsicherheit in deiner Sprache ist nicht nur eine Frage der Stimme, sondern manifestiert sich auch in der Körperhaltung. Sie bildet ein weiteres deiner vielen Blütenblätter, deren Form letztlich den perfekten Rahmen für deine Ausstrahlung bildet. Dabei ist es unerheblich, ob du nun besonders groß oder eher kleiner bist, ob eher stämmig gebaut oder zierlich. Nicht nur beim berühmten ersten Eindruck fällt deine Körperhaltung deinem Gegenüber besonders ins Auge. Tatsächlich sagt sie auch einiges über den Zustand in deinem Inneren aus.

Ich zähle an sich nicht zu den übermäßig groß gewachsenen Menschen, doch weil ich meine volle Körpergröße von 186 cm schon mit knapp 13 Jahren erreicht hatte, überragte ich die meisten meiner damaligen Klassenkameraden um einen guten Kopf. Das waren ungünstige Voraussetzungen für einen Jugendlichen, der zwar schauspielerische Ambitionen verfolgte, aber über kein nennenswertes Selbstbewusstsein verfügte. Die Folge: Ich lief meist eher gebückt und entwickelte einen Rundrücken, inklusive der dafür typischen Schmerzen. Das Phänomen kannst du bei vielen großen Menschen beobachten.

Kleinere Menschen hingegen vermitteln oft den Eindruck, andauernd Gefahr zu laufen, übersehen zu werden. Dementsprechend sind sie entweder weithin hörbar oder aber das genaue Gegenteil davon: Viele ergeben sich in ihre Rolle und verschwinden ganz aus dem Blickfeld der anderen. Für beide Ausprägungen kenne ich reichlich Beispiele.

Darüber hinaus gibt es all jene, die meinen, sich wegen ihrer Körperformen schämen zu müssen: zu dick, zu dünn ... Zu welcher Gruppe zählst du dich? Der kleinste gemeinsame Nenner zwischen allen ist letztlich, eine Körperhaltung zu finden, die in sich, ungeachtet sämtlicher Maße, inneres Gleichgewicht und Stabilität vermittelt. Auch hier hilft es enorm, mit dir selbst im Reinen zu sein. Natürlich mag es immer wieder Baustellen geben, die du gern in Angriff nehmen willst. Aber ich hoffe und wünsche dir, dass dieses Buch auch für dich den Anlass zu vielen positiven Veränderungen geben wird. Wenn du etwas ändern willst, dann ändere es. Akzeptiere aber auch die Schritte dorthin und erwarte keine totale Veränderung über Nacht. Alles rund um deine Strahlkraft wirst du nur meistern, wenn du dranbleibst und übst. Das passiert dann aber auch mit der Garantie, dass du gewaltige Veränderungen erfahren wirst.

Für deine Körperhaltung brauchst du erst mal nichts weiter als einen Spiegel. Schau dir an, wie du stehst und wie du gehst. Ich prüfe meinen Gang regelmäßig in großen Fenstern, die ich passiere. Du darfst mir deshalb auch gern eine Portion Eitelkeit unterstellen. Tatsächlich achte ich sehr auf mein Äußeres. Aus genau diesem Grund weiß ich aber eben auch, dass sich wirklich etwas ändert, wenn du es mir gleichtust.

Stell dich jetzt einmal vor einen Spiegel. Idealerweise ist es einer, in dem du deinen gesamten Körper sehen kannst. Wie stehst du? Sind beide Beine fest auf dem Boden und gleich belastet? Schau dir den Unterschied einmal bewusst an. Stell dich zunächst gleichmäßig auf beide Beine. Dann verlagere dein Gewicht bewusst zu einer Seite. Wann wirkst du sicherer?

Eine ausgewogene Körperhaltung erdet dich im wahrsten Sinne des Wortes. Achte darauf, dass du dein Gewicht bei Gesprächen gleichmäßig verteilst. Lehnst du an einer Wand, während du mit Kollegen oder Vorgesetzten sprichst, kann dir das leicht als fehlender Ernst ausgelegt werden. Achte auf deine Körperspannung. Das wiederum wirkt sich direkt auf deine Stimme aus.

Deine Körperhaltung und Bewegungen kommen vor allem dann zum Tragen, wenn sie keiner sehen kann. Nehmen wir an, du telefonierst mit einem Kunden. Ihr besprecht ein Angebot. Von dem erhofften Auftrag hängt eine Menge ab. Entsprechend überzeugend willst du rüberkommen, deshalb entscheidest du dich, ein paar Schritte mit dem Telefon in der Hand zu gehen.

Ich bin so ein Telefon-Wanderer. Allerdings habe ich mir das bei wichtigen Gesprächen abgewöhnt. Es war eine Gagenverhandlung mit einem potenziellen Kunden. Er verstand meine Preisgestaltung nicht, also erklärte ich und lief dabei umher. Mit einem Mal meinte der Kunde, er hoffe, dass mich diese Erklärerei gerade nicht zu sehr aufrege. Er sei in Sachen Medienproduktion eben noch unbedarft. Ich sagte ihm, dass das nicht der Fall sei und dass ich es sogar sehr schätze, wenn Kunden die Details hinterfragen. Dafür pumpe ich aber schon ziemlich, meinte er dann.

Mir fiel auf, dass ich durch das Laufen außer Atem geraten war und sich das tatsächlich anhören musste, als atme ich genervt tief durch. Wie peinlich. Dennoch konnte ich die Situation rasch klären. Ich sagte ihm, dass ich das Gefühl hatte, den ganzen Tag zu viel zu sitzen, und deshalb entschieden hätte, ein paar Schritte zu gehen. Damit war das Eis gebrochen, aber auch nur, weil der Kunde offen kommunizierte, dass ihn mein schweres Atmen verunsicherte. Wie wäre unsere Verhandlung ausgegangen, hätte er nichts gesagt und sich seinen Teil lediglich gedacht?

Hab ein Auge auf deine Körperhaltung und auch darauf, wie du dich im Verlauf von Gesprächen bewegst, egal, ob du deine Gesprächspartner sehen kannst oder nicht. Es ergibt immer ein besseres Bild, wenn du mit beiden Beinen auf dem Boden stehst oder dich zumindest bewusst aufrecht hinsetzt. Hast du nämlich keine Spannung in deinem Körper, fällt es dir auch schwer, sie über deine Stimme auszustrahlen. Aus diesem Grund habe ich mir für mein Tonstudio einen höhenverstellbaren Tisch zugelegt. Wenn ich nach Energie klingen muss, dann stehe ich im Studio. Für alles, was eher in Richtung TV-Doku oder Moodfilm geht, setze ich mich hin. Nimm dich einfach auch immer wieder auf, während du sprichst. Du wirst den Unterschied hören.

Wortwahl

Bedenke in deiner Vorbereitung auch deine Wortwahl. Hast du dir bereits vorgenommen, immer mal monologisierend umherzuwandern und dich vorzubereiten? Super, dann hast du jetzt noch einen Punkt mehr, auf den du achten solltest.

Welche Worte verwendest du? Es liegt nahe, dir vorzunehmen, deine Wortwahl deinem jeweiligen Gesprächspartner anzupassen. Doch davon rate ich dir ab. Natürlich wirst du dich mit der vertrauteren Kollegin anders unterhalten als mit dem Neuen aus dem Büro nebenan. Es geht jedoch nicht primär um diese eher privaten Unterhaltungen, sondern um deine generelle Wortwahl.

Du hast dir immer wieder während deiner Lektüre Gedanken gemacht, was du anderen von dir zeigen willst. Gerade in dieser Hinsicht ist deine Wortwahl eines der wichtigsten Themen für dich. Auch hierzu kann ich dir eine nicht allzu rühmliche Begebenheit aus meiner Jugend erzählen. Falls du denkst, ich habe in meinem Leben kaum ein Fettnäpfchen ausgelassen, dann hast du recht. Aber genau aus dem Grund kannst du jetzt von meinen Erfahrungen profitieren und musst manche Fehler nicht selbst machen.

Als Nesthäkchen einer Familie, in der alle immer deutlich älter waren als ich, pflegte ich von klein auf den Umgang mit anderen zumeist Erwachsenen. Denn die meisten Bekannten meiner Eltern waren ungefähr im selben Alter wie sie selbst – bei ihnen gab es aber in der Regel keinen so späten Nachwuchs. So traf ich auch bei Feiern mit diesen Leuten nur selten Kinder in meinem Alter. Auf meine Sprache wirkte sich das so aus, dass ich schon früh eine sehr erwachsene Wortwahl nutzte. Kontakt zu Gleichaltrigen hatte ich zwar, prägend wirkten jedoch hauptsächlich die Erwachsenen auf mich.

Auf dem Gymnasium fand ich dann endlich auch zwei Freunde, deren Familien ähnlich strukturiert waren wie meine eigene. So hoben wir uns von allen anderen um uns herum ab. Das war nicht immer zu unserem Vorteil, möchte ich betonen. Denn als Nerd mit »Boomersprache« erlangt man schnell einen bestimmten Ruf. Meine Freunde und mich störte das aber nicht weiter. Wir hatten schließlich uns und verbrachten viel Zeit miteinander. Bis ich ans Theater ging und mich mit dem Sohn eines dort tätigen Regisseurs anfreundete. Dieser pflegte wiederum eine ziemlich derbe Jugendsprache, die auch in seinem Freundeskreis, dem ich dann und wann ebenfalls beiwohnte, ausgiebig genutzt wurde.

Du erinnerst dich noch an das Kapitel zum Thema Adaption von Eigenheiten des Gegenübers? Nun, ich nahm jedenfalls Teile dieser Jugendsprache an. Schließlich nutzte ich sie aber auch, wenn ich mit meinen beiden Schulfreunden zusammen war. Mehr als einmal gab es hochgezogene Augenbrauen und Verwunderung über die wundersame Wandlung vom gut situierten Sprössling der Lehrerfamilie zum Karlsruher Straßenkind mit verbalem Waffenarsenal.

Genau das meine ich aber, wenn ich dir rate, ganz generell über deine Wortwahl nachzudenken. Überlege dir, was du ausstrahlen und welches Bild du anderen von dir vermitteln willst. Meiner Erfahrung nach zahlt es sich nicht aus, einfach nur anderen gefallen zu wollen. Du musst zunächst mit dir selbst klarkommen. Als emotionaler und stilistischer Flickenteppich wird dir das schwerfallen. Erstelle deinen Masterplan, in welche Richtung dein Gesamtkonzept gehen soll. Schau dir dafür jeden einzelnen Teil separat an.

Liest du?

Also auch abseits dieses Buchs? Der regelmäßige Umgang mit Sprache in ihren verschiedensten Formen wird sich auch auf den Gebrauch deiner Stimme sowie deine gesamte Kommunikation auswirken. Denn Worte und Formulierungen, die du regelmäßig konsumierst, sichern sich nach und nach einen festen Platz in deinem eigenen Repertoire. Denk einmal zurück an das Kapitel über Stoffwechsel. Das, was hineingelangt, kommt an irgendeiner Stelle auch wieder heraus. Und je höher die Qualität des Inputs ist, umso höher fällt natürlich auch die Qualität des Outputs aus. Da du bestrebt bist, anderen deine Kompetenz präsentieren zu können, solltest du auch darauf besonders achten. Was du liest und was du hörst, muss überhaupt nichts mit deinem eigentlichen Fachgebiet zu tun haben. Doch wenn du dich anstatt mit recht einseitigem Boulevard-Blatt-Slang gehoben ausdrücken kannst, weil du einfach ein völlig anderes Verständnis für Sprache hast, dann macht auch das einen Riesenunterschied im Hinblick auf deine Außenwirkung.

Ich empfehle, ab und an ein Werk der Weltliteratur zu lesen. Warum nicht einmal nachsehen, weshalb mancher Autor einen Nobelpreis für Literatur erhalten hat, während andere nicht einmal davon träumen dürfen? Aber selbst, wenn du eher lesefaul sein solltest: Hochwertige Serien und Filme nach Literaturvorlagen oder mit guten Drehbüchern wirken ebenfalls bereits Wunder. Sei auch da offen für neue Erfahrungen.

Bei Filmen, Serien oder auch Hörbüchern spreche ich übrigens regelmäßig bestimmte Formulierungen, die mir besonders gefallen, nach. Das mache ich nicht beim gemeinsamen Schauen am Abend, aber sobald ich ein paar Minuten für mich habe, setzt sich mein Sprechapparat in Bewegung. Probiere das einmal aus. Ob du nun Serien und Filme im Original oder in der deutschen Synchronfassung schaust, ist dabei unerheblich.

Tatsächlich haben wir eine ausgezeichnete Riege an Synchronschauspielern im deutschen Sprachraum, die auch die zu vermittelnden Emotionen sehr überzeugend wiedergeben.

Und das bringt mich zu einem weiteren Punkt, den so gut wie alle, die sich zum ersten Mal intensiv mit Stimme und Wirkung auseinandersetzen, als große Hürde betrachten: dem Ausdruck von Emotionen.

Emotionen

Es geht also um Gefühle. Aus meiner Erfahrung kann ich dir versichern, dass die größte gedankliche Hürde einfach darin liegt, Seiten von dir preiszugeben, die vor dem falschen Publikum Schaden anrichten können. Sobald es um Gefühle geht, machen wir Menschen (und somit wahrscheinlich auch du) erst mal zu. Viele sind der Ansicht, diese gingen niemanden etwas an.

Aber: Der Weg zu deiner Strahlkraft und deinem perfekten Vocal Impact führt unweigerlich über Gefühle und die Fähigkeit, sie auszudrücken. Niemand wird je von dir verlangen, alles, was dich innerlich bewegt, auf riesigen Plakaten vor dir herzutragen. Das meine ich nicht, wenn ich von Gefühlen spreche. Mir geht es vielmehr darum, dass du dir bewusst machst, welche Gefühle in dir vorhanden sind und welche du bei den Menschen in deiner Umgebung auslösen willst. Dabei ist es egal, ob es um Kollegen, Kunden oder ein Publikum geht.

Wie schon in den vorigen Kapiteln erwähnt, spielen die sozialen Medien viel zu oft mit deinen Gefühlen. Allerdings sind die eingesetzten Verstärker dort auch enorm wirkungsvoll: Drastische Bilder und Musik bringen auch das dickste Eis zum Schmelzen. Da heißt es entweder schnell weiterklicken oder du sitzt in der Falle. In deiner direkten Kommunikation aber hast du diese Hilfsmittel nicht. Da kommt es einzig darauf an, was du ausstrahlst, und zwar so, dass es auch bei den anderen ankommt.

Denke einmal an Serien und Filme, die du dir ansiehst. Gibt es da Schauspieler, die dich völlig fesseln? Und fallen dir im Gegenzug welche ein, bei denen du sofort abschaltest, weil sie dich einfach nicht überzeugen? Warum ist das so? Lass das pure Aussehen und dein persönliches Beuteschema in Sachen Beziehungen und wilder Fantasien mal außen vor. Was ist es, das dich bei der einen Person einnimmt und bei der anderen kaltlässt? Es ist die Art, mit der sie ihre Rollen verkörpern. Die besten Schauspieler spielen ihre Rollen nicht; sie leben sie. Die gezeigten Gefühle sind echt und erzielen so einen ungeheuren Impact. Du lebst als Zuschauer förmlich mit.

Eine Rolle wirklich zu fühlen beinhaltet einen unerlässlichen Baustein: nicht projizieren. Solange du nur überlegst, wie du dieses und jenes Gefühl in anderen auslöst und dann alle Hebel in Bewegung setzt, um es zu erreichen, wird dir das kaum gelingen. Das Geheimnis dahinter ist zu überlegen, welches Gefühl du bei anderen auslösen willst, und dich dann selbst dorthin zu begeben. Das einfachste Beispiel ist die Faszination inmitten der Menschenmenge eines Konzerts oder Sportereignisses. Dort wirst du unweigerlich mitgerissen, ob du willst oder nicht. Ich habe bisher jedenfalls niemanden kennengelernt, der sich diesem Überschwang der Gefühle entziehen und völlig unberührt hätte bleiben können.

Eine ähnliche Wirkung erzielen gewisse Frequenzen in der Musik auf uns. Auch wenn die Geschmäcker da bekanntlich sehr verschieden sind, so gibt es doch sicherlich auch für dich den einen oder anderen Song, bei dem du entweder besonders gut abschalten oder feiern kannst. Möglicherweise kennst du auch bestimmte Instrumente, die stets dieselben Gefühle in dir auslösen. Es gibt viele Wege, um echte Emotionen in dir entstehen zu lassen. Die Herausforderung besteht darin, dies auch zuzulassen. Du musst dafür auch nicht durch irgendeine sprichwörtliche Hölle gehen. Es ist abhängig davon, welche Gefühle du genau auslösen willst.

Eines der extremsten Erlebnisse in Sachen Gefühle steckt mir noch heute in den Knochen. In meiner letzten Bühnenproduktion an meinem Karlsruher Stammtheater spielte ich einen sehr schillernden Charakter in einem Stück von Mark Ravenhill.[11] Gary, so mein Rollenname, verkaufte seinen Körper an andere Männer und nahm dabei auch regelmäßig

Drogen. Von der ersten bis zur letzten Minute des Stücks erlebt er ein Wechselbad der Gefühle, fällt dabei aber immer mehr in sich zusammen, bis er zum Schluss so tief unten ist, dass er seinen einzigen wirklichen Vertrauten darum bittet, ihm das Leben zu nehmen. Das ist eine ziemlich harte Nummer, zumal ich als in aller Regel sehr lebensfroher Zeitgenosse wohl nie auch nur ansatzweise in diese Richtung denken würde. Doch um Gary überzeugend darstellen zu können, musste ich dorthin gelangen. Ich hatte das Glück, in jenem Stück ein Ensemble um mich zu haben, dem ich vertrauen konnte, ein nicht zu unterschätzender Vorteil in solch kritischen Situationen. Da unser Regisseur, ebenfalls ein höchst einfühlsamer und selbstreflektierter Mensch, durch die Schlussszene einen ganz eigenen Akzent setzen wollte, erklärte ich mich nach einigem Hin und Her bereit, den Weg zu gehen. Was also musste ich durchmachen, um an diesen Punkt ohne Wiederkehr gelangen zu können?

Auf der Probebühne wurde das Licht gedimmt und ich saß auf einem Stuhl gefesselt inmitten meiner Kollegen, die mich stundenlang beschimpften und auslachten. Irgendwann kam ich an den Punkt und bettelte sie unter Tränen an aufzuhören. Direkt danach brachen wir unsere Übung ab und wir bauten mich gemeinsam wieder auf. Doch dieses Gefühl war bei mir abgespeichert, wie auch der Weg, über den ich zu ihm gelangt war. Und für die abendlichen Vorstellungen war ich in der Lage, es wieder zu reproduzieren. Dies gelang so überzeugend, dass immer wieder Menschen den Saal verlassen mussten, so nah ging ihnen die Szene.

Diese Methode mag dir makaber und vielleicht sogar verantwortungslos erscheinen. Aber es war auf jeden Fall ein sicherer Weg, um ein überzeugendes Gefühl reproduzierbar abspeichern zu können. Ich kann dir versichern, dass ich mich danach nie wieder in vergleichbare Tiefen begeben habe. Doch auf eine Art hat mich dieses Erlebnis so nachhaltig beeindruckt, dass mir auch jetzt, wenn ich über ein Vierteljahrhundert später diese Zeilen schreibe, Tränen in die Augen schießen.

Zum Glück wirst du diese extremen Gefühle in deinem Alltag nie brauchen. Ich kann dir außerdem versichern, dass du all die positiven Gefühle, die du ausstrahlen willst, mit deutlich angenehmeren Mitteln erreichen wirst. Halte dir immer vor Augen, dass du niemals krampfhaft versuchen darfst, um jeden Preis bestimmte Gefühle in anderen auszulösen. Bleib stattdessen bei dir und lebe es den anderen vor. Wenn du es fühlst, werden es die anderen auch fühlen.

Geh so vor: Überlege, was du ausstrahlen und welche Emotionen du in den Menschen um dich herum auslösen willst. Ergründe dann, welche Umgebung, welche Musik und welcher Genuss diese Gefühle regelmäßig in dir auslösen können. An dieser Stelle sollte selbstverständlich sein, dass ich damit niemals Drogen oder wie auch immer geartete Rauschsubstanzen meine. Ich bin ein Gegner jeglicher Art von Drogen und möchte mich hier auch ausdrücklich davon distanzieren, selbst wenn dir das nach all den vorigen Kapiteln längst klar sein dürfte. Doch in unserer vielfältigen Welt sollte es dir leichtfallen, deine ganz persönlichen positiven Triggerpunkte zu ermitteln und entsprechend zu stimulieren. Versetze dich in die jeweilige Stimmung und mach dir bewusst, was sie konkret in dir auslöst. Speichere zudem alles in deinem Kopf ab. Übe deine Auftritte. Übe, was du sagen und wie du dich dabei bewegen willst. Nimm dich auch regelmäßig dabei auf und reflektiere, ob du auf dich selbst die gewünschte Wirkung ausübst. Trag dein Gefühl in dir. Um es nochmals zu betonen: Denke nicht »Wie fühlen sich die anderen?«, sondern stattdessen »Wie fühle ich mich?«. Das macht den Unterschied.

Sprechtempo und Rhythmus

Dein Sprechtempo und sprachlicher Rhythmus sind ebenfalls zwei jener Blütenblätter, die deine Wirkung umrahmen und verstärken. Bereits zu Beginn dieses Buches hast du gelernt, dass der Eindruck von tiefen Stimmen, die wir als seriös und vertrauensvoll empfinden, nicht von einer gewissen Frequenz abhängt, sondern nur vom ganz persönlichen Hörempfinden eines jeden von uns. Doch woran liegt es, dass deine Botschaften ankommen oder eben nicht? Dein Tempo und der Rhythmus, in dem du sprichst, sind hier ganz wesentliche Bausteine. Überlege dir an dieser Stelle, was einen Vortrag für dich interessant macht. Was machen Menschen, denen du gern zuhörst, anders? Das beinhaltet sicherlich sehr viel mehr als einfach nur den Klang ihrer Stimme.

Meist sind es Inhalte und wiedergegebene Werte, die dich faszinieren. Um diese aber verstehen zu können und den Menschen um dich herum die Gelegenheit dazu zu geben, musst auch du dich an gewisse Regeln halten. Ich erlebe immer wieder, dass Kunden es zunächst als problematisch empfinden, ihr sonst gewohntes Sprechtempo zu reduzieren. Diesen »Erklärbär-Charakter«, wie es einer meiner Kunden erst kürzlich benannte, empfinden manche als aufdringlich und schwer zu ertragen. Denn die meisten verbinden hinsichtlich ihres eigenen Auftretens damit eher den berüchtigten Streber aus der Schulzeit.

Tatsächlich liegen aber auch in diesem Punkt Realität und eigenes Empfinden weit auseinander. Die bereits beschriebene Angst vor Sichtbarkeit spielt hierbei eine Rolle, ebenso das Gefühl, dem anderen Zeit zu stehlen. Gleichzeitig jedoch willst du verstanden werden. Und welche Zeitgenossen verstehst du am besten? Es sind Personen, die ein langsameres, angemesseneres Sprechtempo an den Tag legen. Und welche Menschen bleiben dir nachhaltig im Gedächtnis? Üblicherweise sind es die, deren Inhalte du nachvollziehen kannst. Kurzum: jene, die dir regelmäßig die Gelegenheit geben, die gesagten Worte nachzuvollziehen. Das bedeutet für dich, Rhythmus und Tempo anzupassen. Für beides hat dir die Natur ein ganz wunderbares Werkzeug geschenkt: deine Atmung. Nicht nur weißt du schon dein ganzes Leben um die Wichtigkeit des Luftholens. Um deinen Redefluss zu steuern, kannst du es obendrein einsetzen.

Ich empfehle dir, dich von nun an regelmäßig mit deiner Atmung zu befassen. Am besten machst du das morgens, wenn du aufwachst, und abends, wenn du dich hinlegst. In diesen beiden Phasen hast du ohnehin meist nichts anderes zu tun, außer einmal wach und einmal müde zu werden. Auch dafür kannst du deinen Atem einsetzen. Leg dich jeweils flach auf den Rücken und stell deine Beine angewinkelt auf. Platziere deine Hände auf deinem Bauch und bewege dann mit ein paar tiefen Atemzügen deine Bauchdecke und damit deine Hände auf und ab. Stell dir dafür vor, in deinem Bauch befindet sich ein Ballon. Diesen pustest du auf, indem du durch deine Nase einatmest. Dabei passiert die Luft deine Lunge jedoch nur und wandert weiter bis tief in deinen Bauch. Dort füllt sie eben jenen Ballon. Zu Anfang wirst du vielleicht das Gefühl haben, du bekommst auf diese Weise nicht genügend Luft. Doch das Gegenteil ist der Fall. Um dir die Übung zu erleichtern, hilft es dir, deine Beine auch tatsächlich angewinkelt aufzustellen. So entspannst du deine Bauchdecke und kannst dich völlig auf deinen Atemfluss konzentrieren.

Was genau hat das jetzt mit deinem Tempo und deinem Rhythmus zu tun? Ganz einfach: Damit gewöhnst du dir an, regelmäßig deinen Atem zu kontrollieren. Schon nach ein paar Tagen der Übung in der horizontalen Position führst du sie erst im Sitzen und schließlich über deinen

Tag hinweg im Stehen, beim Gehen und natürlich auch beim Sprechen aus. Achte dabei darauf, dass du nie schneller atmest, als es für die Situation angemessen ist. Zum einen beruhigt dich das innerlich und du strahlst automatisch mehr Gelassenheit aus. Zum anderen verschaffst du dir den nötigen Raum für deine Atmung, während du sprichst. Und dadurch erreichst du fast automatisch einen gewissen Rhythmus auch in deiner Sprache.

Mach dir immer bewusst: Sprechen ist kein Wettbewerb, sondern ein Mittel deiner Kommunikation. Du musst keine Geschwindigkeitsrekorde brechen, damit andere dich verstehen. Ganz im Gegenteil, finde deine angemessene Geschwindigkeit und beobachte dabei auch die anderen Personen um dich herum. Sind aktuell vielleicht noch viele Nachfragen an der Tagesordnung, so könnten diese recht schnell abebben, wenn du auf Tempo und Rhythmus achtest. Prüfe, wie weit du gehen musst, damit die anderen dich verstehen.

Was passiert, wenn du dich nicht damit beschäftigst? Auch da habe ich aus meiner langen Laufbahn als Sprecher natürlich ein Beispiel parat. Diesmal ist es eines, das mich auch nach einigen Jahren noch immer zum Schmunzeln bringt.

Es muss irgendwann in den 2010ern gewesen sein, da rief mich ein Produzent an und bat mich, den Imagefilm für ein großes Hotel quasi über Nacht neu zu vertonen. Am nächsten Tag sei eine große Präsentation dieses Films im Rahmen eines Betriebsjubiläums geplant, doch in der aktuellen Form könne man ihn nicht zeigen. Der Grund war, dass die Geschäftsleitung ursprünglich darauf bestanden hatte, einen sehr prominenten Moderator als Sprecher zu verpflichten. Ebendieser pflegte jedoch eine sehr eigenwillige Art zu sprechen, die ihn zwar unverkennbar machte, aber leider auch unverständlich. Durch diese Eigenart erhielten seine Moderationen etwas »Schnodderiges«, stellenweise fast schon »Respektloses«. Das verlieh ihm gerade in der persönlichen Interaktion mit Studiogästen dieses gewisse Extra, das man bei so vielen glattgebürsteten Mitbewerbern auf dem Markt eher vermisst. Genau diese Angewohnheit machte es ihm allerdings völlig unmöglich, einen regulären Sachtext verständlich einzusprechen. Und selbst wenn er dazu in der Lage gewesen wäre, hätte ihm eine in dem Fall künstliche Hochsprache alle Authentizität geraubt, von der seine Sendungen immer lebten.

Als erfahrener Produzent hatte mein Auftraggeber das kommen sehen und berichtete mir, er habe die Geschäftsführung eindrücklich gewarnt. Doch der Fanstolz des Chefs sei eben stärker gewesen, und wie so viele Propheten sei er als mahnende Stimme zwar gehört, aber ignoriert worden.

Da saß ich nun also und durfte den Text selbst einsprechen. Weder mit der Geschäftsführung noch mit dem prominenten Kollegen habe ich je ein Wort darüber gewechselt. Mir wurde lediglich die dringende Bitte um Stillschweigen zugetragen, weshalb ich selbstverständlich auch jetzt, viele Jahre später, weder meinen Kunden noch den prominenten Kollegen outen werde. Fälle wie diesen habe ich in all den Jahren regelmäßig erlebt – wenn auch nicht immer verknüpft mit Prominenz.

Doch genau das meine ich, wenn ich dir rate, deinen eigenen Rhythmus und dein Tempo zu finden. Es geht nicht darum, einen Wettbewerb im Schnellsprechen zu gewinnen, sondern einzig und allein darum, dass deine Zuhörer dich verstehen.

Artikulation und Modulation

In direkter Abhängigkeit von deinem Tempo stehen auch deine Artikulation und deine Modulation. Wie deutlich sprichst du? Klingst du monoton oder gibst du deinen Sätzen Farbe durch Höhen und Tiefen?

Bei Vorträgen genieße ich stets jenen Moment, wenn ich aus dem Publikum den Einwand erhalte, dass ich doch leicht reden hätte – mit meiner tollen Stimme. Dann schalte ich immer spontan um und rede völlig monoton. Ein gleichförmiger Wortbrei lässt einige direkt grinsen, andere versuchen weiterhin angestrengt, mir zu folgen. »Ich weiß nicht, was Sie gerade haben. Es ist doch meine Stimme«, entgegne ich dann lachend.

Tatsächlich ist dies der einprägsamste Beweis, dass es eben doch auf mehr ankommt als auf die Stimme. Was ich scherzhaft bewusst überzogen präsentiere, ist eine weitere Übung für dich. Nimm dir die Zeit – auch da empfiehlt es sich, Ruhe zu haben – und hör dir entweder eines deiner ohnehin längst aufgenommenen Gespräche an oder nimm dich bei einem weiteren auf. Als nächsten Schritt nutze einen Text, z. B. aus der Zeitung oder einer E-Mail, und lies ihn bewusst monoton vor. Nimm dich auch dabei auf. Achte ganz besonders darauf, nicht einmal eine Nuance nach oben oder unten abzuweichen. Du solltest fast schon wie ein Roboter aus guten alten Sci-Fi-Filmen der 70er- und 80er-Jahre klingen, eben völlig monoton. Hör dir beide Aufnahmen vergleichsweise an. Wie stark unterscheidet sich deine Sprechweise? Hast du das Gefühl, der Unterschied ist gar nicht so groß? Und wie steht es darüber hinaus um die Deutlichkeit deiner Aussprache? Könnte sie exakter sein? Dann ist es höchste Zeit, an beidem zu arbeiten.

Starte mit deiner Modulation. Dieser Begriff beschreibt nicht nur deinen Tonhöhenwechsel innerhalb deiner Sätze. Er umfasst auch die Variation an Geschwindigkeit und Intensität. Hör dir ein weiteres Mal deine Aufnahmen an. Sprichst du im Alltag eher in kurzen, knappen Sätzen oder formulierst du gern sehr ausführliche Sätze? Wenn Ersteres der Fall ist, droht deine Sprachmelodie leicht ins Monotone abzukippen. Hinzu kommt, dass du wahrscheinlich jemand bist, der gern auf den Punkt kommuniziert und stets nur so viele Informationen herausgibt, wie unbedingt erforderlich. Oftmals läuft das parallel zur festen inneren Überzeugung, dass du niemandem mit Basics auf die Nerven fallen willst. Doch denk daran: Was für dich grundlegend ist, kann für andere eine Welt bedeuten.

Versuche in Zukunft, deine Sprechgeschwindigkeit deutlich zu drosseln. Auch hier gebe ich dir den Hinweis: Sprechen ist kein Wettbewerb. Gönne deinen Gesprächspartnern Erklärungen und Einblicke in deine Denkweise. Trau dich, deine Kompetenz ausführlicher zu zeigen – allerdings ohne dabei in Fachjargon abzudriften. Mach dir bewusst, dass es wichtiger ist, von anderen gehört zu werden, als mit jedem einzelnen Buchstaben konkret Wissen zu vermitteln. Du musst trotzdem keine leeren Worthülsen produzieren.

Formulierst du hingegen eher lange Sätze, die scheinbar nie enden, läufst du Gefahr, viel zu schnell und zu undeutlich zu sprechen. Denn je länger ein Satz ist, umso seltener atmest du. Entsprechend versuchst du, zwischen zwei Atemzügen so viel Inhalt wie möglich zu verpacken. Fange an, deine Sätze kürzer zu fassen, ohne freilich ins andere Extrem der Zukurz-Info zu verfallen.

Wie auch immer sich deine persönliche Sprache darstellt: Hör dir Menschen an, deren Sprechweise dich beeindruckt. Achte besonders darauf, wie sie das Gesagte betonen. Anderen zuzuhören, hat mir am meisten dabei geholfen. Wenn es jemanden gab, dessen Sprechweise mich faszinierte, habe ich analysiert, was genau mich daran beeindruckte. Anschließend habe ich es nachgesprochen. Nicht um zu **ko**pieren, sondern vielmehr um zu **ka**pieren, was die jeweilige Sprechweise so besonders macht.

Um Sprache zu lernen, ist es nicht ausschlaggebend, ein und denselben Übungssatz hundertmal zu wiederholen. Das Allerwichtigste für dich ist, ein Gefühl und ein Gehör dafür zu entwickeln und diese Sätze dann laut nachzusprechen. Hör dir Nachrichten an, um zu lernen, wie du neutral Informationen übermittelst. Schau Comedyformate und Stand-ups an, um zu lernen, wie du effektvoll Witze erzählst. Und lerne aus Filmen, wie du, je nach Genre, in verschiedensten Stimmungslagen Geschichten erzählst. Es ist wirklich so einfach.

»Du hast gut reden«, denkst du dir jetzt vielleicht. Ich hatte ja eine Sprechausbildung. Aber was habe ich da gelernt? Du hast recht: Insgesamt fünf Jahre lang habe ich zunächst wöchentlich, dann monatlich Stunden genommen. Dort habe ich verschiedenste Techniken erlernt, um meine Kunstsprache für die Bühne zu entwickeln. Doch das echte Leben spielt nicht auf der Bühne, sondern draußen. Es passiert dort, wo die Menschen so sprechen, wie sie eben sprechen. Dein großer Vorteil gegenüber den anderen ist nun, dass du dich aktiv mit deiner Stimme und deinen kommunikativen Skills beschäftigst und dein Gehör schulst. Das sind die wichtigsten Grundlagen für dich, um durch die Macht deiner Stimme weiterzukommen und ein völlig anderes Level zu erreichen.

Lautstärke

Die Lautstärke, in der du kommunizierst, hat zwei Seiten: Einmal willst du verstanden werden – das ist dein Grundanliegen. Gleichzeitig willst du auch niemandem unangenehm auffallen. Besonders jene Zeitgenossen mit von Natur aus eher lauten Stimmen werden solche Sprüche von klein auf mitgenommen haben: »Schrei doch nicht so«, »Unterhalte doch nicht das ganze Haus«.

Auch wenn es niemals die Absicht sein dürfte, werden auf diese Weise Glaubenssätze erst eingebracht und mit der Zeit zementiert. Als Gebrauchsanweisung für deine Stimme sind sie dir nicht dienlich, da sie in keiner Weise konstruktiv sind. Oder hat dich das schon einmal weitergebracht, wenn du so einen Spruch gehört hast? Natürlich nicht. Seither ist nur abgespeichert, dass du anderen unangenehm auffällst. Und eines Tages schaut dich dann jemand mit Fragezeichen in den Augen an, weil er oder sie dich nicht versteht. So richtig recht kannst du es offenbar niemandem machen. Dann gibt es aber auch noch jene, die generell zu leise scheinen und genau das von Kindesbeinen an ständig gespiegelt bekommen, etwa mit Sätzen wie: »Nun mach doch den Mund auf, ich hör dich nicht.«

Es läuft letzten Endes also darauf hinaus, die richtige Lautstärke zu finden. Einmal soll sie für dich angenehm sein. Zum anderen soll sie für dein Umfeld verständlich sein. Auch hier gilt, wie bei so vielem rund um die Stimme, dass keiner um dich herum mit einem Frequenzmesser unterwegs ist. Wie laut also »laut« ist, bestimmt jeder ganz individuell und in Abhängigkeit von dem Raum, in dem du sprichst. Da du nicht erst eine große Umfrage starten kannst, betrachtest du zuerst dein eigenes Empfinden. Es hilft dir in diesem Moment nicht, dich selbst aufzunehmen. Denn die verwendete Technik kann dir nur allzu leicht einen Streich spielen und dein Messergebnis ist nicht verlässlich.

Die gute Nachricht: Das passende Messgerät hast du bereits an Bord. Deine Ohren helfen dir mit einem kleinen Trick dabei, deine Lautstärke zu überprüfen. Lege dazu deine Hände hinter deine Ohrmuscheln, so als wolltest du deine Ohren vergrößern. Drück die Ohren etwas nach vorn und sprich dann ein paar Sätze in deiner gewohnten Lautstärke. Durch die vergrößerte Fläche fangen deine Ohren den Schall besser ein und leiten ihn verstärkt an dein Innenohr weiter. Tut es dir fast weh, wenn du sprichst? Dann reduziere deine Lautstärke, bis du dir schmerzfrei zuhören kannst. Findest du dich viel zu leise? Dann leg immer noch eine Schippe drauf, bis du schließlich das Gefühl hast, so passt es.

Du meinst, das sei keine exakte Wissenschaft? Da gebe ich dir recht. Aber es ist ein einfacher Trick, den ich seit Jahren gern verwende, um in Vortragsräumen zu prüfen, wie laut ich sein muss, um verstanden zu werden. Aber Achtung: Prüfst du in einem leeren Raum, dann bedenke, dass die später anwesenden Zuhörenden Schall absorbieren. Durch unsere zumeist eher geschmeidige Körperoberfläche samt darüber getragenen Stoffen eignen wir Menschen uns ganz hervorragend als lebende Schalldämmung.

Einen weiteren Hinweis auf eventuelle Herausforderungen in Sachen Akustik kann dir auch die Beschaffenheit des Raumes an sich geben. Schau dich um. Siehst du glatte Wände, Decke und Boden? Dann wird deine Sprache stärker reflektiert und du wirkst durch Echoeffekte unter Umständen lauter. Da sich aber die Echos auch wieder überlagern, wenn sie sich zwischen den glatten Flächen hin- und herbewegen, werden deine Zuhörenden dich eher schwer verstehen. Achte daher in solchen Räumen darauf, zwar einerseits laut genug, gleichzeitig aber auch langsam genug zu sprechen, um verstanden zu werden. Doch zurück zu deiner eigenen Wohlfühllautstärke. Wusstest du, dass die meisten von uns viel zu viel Druck auf ihre Stimme ausüben? Mit einiger Wahrscheinlichkeit gilt das auch für dich. Auf Dauer belastest du so aber deine Stimmbänder nur unnötig. Ich habe über die Jahre einen einfachen Trick entwickelt, um meine eigene Stimme exakt einpegeln zu können. Er wird dir auch helfen, deine richtige Lautstärke zu finden. Kannst du dir vorstellen, dass du nicht nur hören, sondern auch wirklich fühlen kannst, ob deine Lautstärke passt? Geh dafür in den folgenden Schritten vor:

1. Such dir eine ruhige Ecke, in der du ungestört bist und auch sonst niemanden störst, wenn du etwas lauter wirst. Dann atme tief ein und lasse deine Luft wieder ausströmen. Schließ deinen Mund dabei und gib ein »Mmmmmh« von dir, wie du es vielleicht nach einem leckeren Essen machen würdest. Achte darauf, dass du dabei keinen Druck im Hals spürst. Das erfordert etwas Übung. Meine Erfahrung als Stimmtrainer lehrte mich über die Jahre, dass sich viele gar nicht sicher sind, wie sich Druck bzw. kein Druck denn überhaupt anfühlen sollte. Deshalb habe ich den nächsten Schritt eingebaut.

2. Mach genau dasselbe Geräusch, aber versuche nun, wirklich laut zu sein, fast so, als ob du jemanden warnen möchtest, doch du kriegst deinen Mund nicht auf. Äußere ein energisches »Mmmmmh«. Achte dabei wieder auf den Druck in deinem Hals. Diesmal solltest du deutlich etwas spüren. Merke dir, wie sich das anfühlt.

3. Dann geh in die andere Richtung. Gib ein leises »Mmmmmh« von dir, diesmal so, als ob du zwar ein gutes Essen lobst, aber du raunst es deinem Nebensitzer ins Ohr und sonst soll niemand etwas davon mitbekommen. Auch dabei solltest du deutlich Druck in deinem Hals spüren. Merke dir auch dieses Gefühl.

4. Der nächste Schritt erfordert etwas Vorbereitung. Such dir einen Raum, in dem keinerlei laute Nebengeräusche vorhanden sind. Sie würden dein Ergebnis beeinträchtigen. Verwende dann entweder einen guten alten MP3-Player, deine Stereoanlage oder ein Radio. Und nutze dafür Kopfhörer, idealerweise keine Ohrstecker, sondern solche, die deine Ohrmuscheln bedecken. Aber zur Not funktioniert es auch mit denen. Bedecke in diesem Fall deine Ohren mit deinen Händen, um zu verhindern, dass andere Schallquellen von außen die Übung stören. Wichtig ist nun, dass du zwar mit Bedacht, aber doch gut hörbar die Musik aufdrehst. So laut, dass du es nicht mehr hören kannst, wenn du mit den Fingern schnippst oder locker in die Hände klatschst. Bitte sei sehr vorsichtig bei dieser Übung und beschädige deine Ohren nicht durch eine zu hohe Lautstärke. Wie gesagt, ich empfehle auch deshalb richtige Kopfhörer und keine Ohrstecker, da deine Ohrmuscheln ansonsten trotzdem noch eine geringe Menge Schall weiterleiten. Als Letztes aktivierst du jetzt dein Smartphone und nimmst dich auf, wenn du in deiner normalen Lautstärke sprichst. Lies z. B. eine Mail vor. Achte dabei darauf, dass du im Hals keinen Druck spürst. Die Gefühle aus den beiden ersten Teilen der Übung hast du dir ja gemerkt. Versuche zu erfühlen, welche Lautstärke für dich angenehm ist, und überprüfe dann das Ergebnis deiner Aufnahme. Diese sollte sich keinesfalls nach einem Schrei anhören, sondern du solltest deine normale Stimme angenehm wahrnehmen können.

Diese Übung erfordert ein wenig Probieren – sei nochmals bitte vorsichtig, damit du deine Ohren durch die Lautstärke nicht schädigst. Du wirst merken, dass du mit der Zeit ein echtes Gefühl für das Normallevel deiner Stimme bekommst.

Entstanden ist diese Idee durch meine viele Arbeit im eigenen Tonstudio. Meistens trage ich Kopfhörer. Und vielleicht kennst du den Effekt, wenn du selbst z. B. Musik über einen Kopfhörer hörst und dir jemand auf die Schulter tippt? Genau, in aller Regel schreist du die Person dann erst mal an. Völlig unwillkürlich, versteht sich. Denn wenn du durch laute Musik im Ohr an einen bestimmten Geräuschpegel gewöhnt bist, dann versuchst du, diesen automatisch zu übertönen.

Ab jetzt passiert das nicht mehr. Versuche, die Übung hin und wieder zu wiederholen, und ich verspreche dir, du wirst ein neues Stimmgefühl erleben. Das wiederum wirkt sich massiv auf deinen Gebrauch der Stimme im Alltag aus. Kontrollierter und stets angemessen laut bzw. leise zu sprechen wird auffallen.

Manchmal möchtest du schreien

Eine zu hohe Lautstärke kann aber auch in einer ganz anderen Hinsicht der seriösen Kommunikation abträglich sein. Oftmals deutet viel zu lautes Sprechen vor allem auf innere Unsicherheit hin. Wie du weißt, überträgt sich sämtliche körperliche Anspannung auch auf deine Stimme. Dann wirst du automatisch lauter. Zwar kennst du aus dem vorigen Kapitel nun die Übung, um auch das in den Griff zu bekommen, aber das heißt ja nicht, dass du nicht trotzdem in die Spannungsfalle tappen kannst. Das kann vor allem passieren, wenn du vor einer Präsentation oder ähnlichen Anlässen nervös bist.

Tatsächlich habe ich lange überlegt, ob zwei unterschiedliche Kapitel über die Angst vor Sichtbarkeit und Lampenfieber überhaupt Sinn ergeben. Denn genau genommen hängen die beiden, wenigstens gefühlsmäßig, eng zusammen. Trotz aller Parallelen stelle ich jedoch immer wieder fest, dass es eben doch zwei unterschiedliche Mechaniken sind, die da in unserem Hirn ablaufen. So sehe ich die Angst vor Sichtbarkeit eher als das generelle Hemmnis, sich überhaupt an die Öffentlichkeit zu trauen, während das Lampenfieber selbst diejenigen regelmäßig heimsucht, die sich längst in die Öffentlichkeit wagen. Wer seine Angst überwunden hat, kann trotzdem noch vor jedem Auftritt Lampenfieber haben. Und glaub mir: Auch mit über drei Jahrzehnten Erfahrung bin ich davor längst nicht gefeit. Gleichzeitig würde es mich ehrlicherweise auch verunsichern, spürte ich vor einem Auftritt kein Lampenfieber. Denn dann wüsste ich, ich bin viel zu locker und es könnte etwas schiefgehen.

Mein erstes Mal Lampenfieber ist schon eine ganze Weile her. Eine Zeitreise in den September 1983: Ein eher schüchterner kleiner Junge im braunen Samtanzug mit einer viel zu großen (falschen) Brille auf der

Nase reißt eine Tür auf und ruft mit sich fast überschlagender Kinderstimme in die volle Aula: »Seid endlich still da draußen! Wie soll ich mich bei dem Lärm denn konzentrieren?« Dazu verzieht er das Gesicht in einer Weise, die er sich bei seinem Vater abgeschaut hat, wenn der daheim seine Ruhe will.

Es erklingen einige Lacher aus dem Publikum. In den letzten Tagen hat er seine paar wenigen Zeilen Text gelernt und in der Nacht direkt vor seinem Auftritt kaum geschlafen; so aufgeregt war er. Insgeheim ist der Junge froh, dass er rufen, ja schreien darf. Denn es kostet eine gehörige Portion Überwindung, auf der Bühne zu stehen und einen Text zu rezitieren im Alter von sieben Jahren. Und das ist auch in jedem anderen Alter so. Will man da nicht einmal schreien dürfen? Aber genau diese Anspannung ist es, die ihn gerade davor rettet, gar keinen Ton rauszubekommen und weinend in der Ecke zu sitzen. Das Publikum bekommt davon nichts mit und lacht.

Viel mehr weiß ich nicht mehr von dem kurzen Theaterstück, das wir einst zu Beginn der zweiten Klasse für die uns nachfolgende Generation Erstklässler aufführten. »Des hasch abr g'macht wie an Brofi« (badischer Dialekt: »Das hast du aber gemacht wie ein Profi«), lacht ihm nach der Vorstellung die badische Mutter einer Mitschülerin entgegen. »Abr isch jo au koi Wunder – du klingsch ja eh immer wie an Oberlehrer« (badischer Dialekt: »Aber ist ja auch kein Wunder – du klingst ohnehin stets wie ein Oberlehrer«). Autsch, das ging unter die Gürtellinie. Wobei er diese Aussage eher als Lob auffasst. Er hat seine Sache toll gemacht, da sagen Erwachsene eben allerlei seltsames Zeug. Ohnehin kann er nichts dafür, dass er so klingt, wie er klingt. Hochdeutsch ist sein Dialekt, schließlich kamen seine Eltern ja vor vielen Jahren aus dem hohen Norden. Daher hat er, obwohl er selbst gebürtiger Badener ist, den lokal gebräuchlichen Dialekt nie so richtig angenommen. In einem badischen Dorf fällt man damit natürlich auf wie ein bunter Hund. Dementsprechend sind derlei Kommentare der Eingeborenen im Grunde seit jeher schon vorprogrammiert.

Dir ist an dieser Stelle natürlich längst klar: Ich war dieser schüchterne kleine Junge. Und wie du siehst, bin ich auch nicht als der große Performer zur Welt gekommen – wenngleich sich eine gewisse Affinität zur Bühne nie verleugnen ließ. Und obwohl ich seit mehr als 30 Jahren regelmäßig auf Bühnen bzw. vor Publikum stehe, spüre ich das Lampenfieber noch immer. Hast du dich in einer solchen Situation schon einmal beobachtet? Ich weiß, der Fluchtreflex lässt dich da nicht immer klar denken. Schließ die Augen und stell es dir intensiv vor, je lebendiger, desto besser. Was wäre, wenn ... bzw. was war, als ...? Es lohnt sich. Denn was du kennst – und wenn du dich darauf vorbereitest, lernst du es ja ein Stück weit kennen –, das macht dir schon weniger Angst.

Vocal Impact

Jetzt schauen wir uns das einmal von außen an. All diese ganzen Elemente zusammen ergeben das, was ich Vocal Impact nenne. Es ist das Gesamtbild aller Wachstumsschritte, angefangen mit deiner Selbstreflexion über die Entdeckung deiner Stimme, dein Mindset, deine Zielsetzung bis hin zur Entfaltung deiner Strahlkraft mit all den Werkzeugen drum herum. Wenn du das jetzt so betrachtest, was sollte dir spätestens jetzt klar sein? Es ist nie einfach nur die Stimme. Es ist nie einfach Glück. Es ist ein System, das du erlernen kannst. Willkommen bei deinem Vocal Impact.

Und nun? Deine Strahlkraft ist erwacht und zieht andere an. Wie Bienen magisch von einer Blüte angezogen werden, übst du eine Anziehung auf deine Umgebung aus. Sie alle wollen partizipieren an deinen Inhalten und an dir. Die spannende Frage ist: Was machst du draus? Denn zu Ende ist die Geschichte an dieser Stelle noch nicht. Du hast zwei Möglichkeiten.

Möglichkeit 1

Das ist tatsächlich eine Möglichkeit. Eine sehr eigennützige zwar, deshalb aber nicht weniger realistisch. Die Frage, die du dir spätestens vor Erreichen dieses Punktes stellen solltest, ist nicht weniger eigennützig: Welche Vorteile verschafft dir das? An keiner Stelle habe ich behauptet, die Strahlkraft sei nur etwas, das du unbedingt zum Wohle aller einsetzen darfst. Was du daraus machst, liegt einzig und allein bei dir.

Möglichkeit 2

Aber überlege dir eines: Welche Möglichkeiten eröffnest du dir selbst und anderen, wenn du bereit bist, etwas zu geben? Wenn du dich offener gibst und die, die du anziehst, teilhaben lässt? Deine Strahlkraft hat nämlich die wunderbare Eigenschaft, dass sie nicht weniger wird, wenn du anderen etwas davon mitgibst – im Gegenteil.

Wann immer du anderen etwas von dir mitgibst, werden sie das auch weitertragen und es selbst wiederum teilen. Deine Strahlkraft wird sich so verbreiten und andere inspirieren, selbst wenn du diese anderen noch gar nicht persönlich getroffen hast. Sei dir sicher: Mit der Zeit tragen alle da draußen einen Teil von dir in sich. Und ich finde diese Vorstellung einfach wunderbar. Also? Was machst du daraus?

Authentizität

Wie auch immer du dich entscheidest: Lehne dich nicht einfach zurück. Denn auch wenn du die wichtigsten Schritte gemeistert hast, liegt es weiterhin an dir, sie regelmäßig anzuwenden, um bei all jenen, die dich weiterbringen können, erst ins Ohr zu kommen und anschließend im Gedächtnis zu bleiben.

Bewahre dir daher auch den Blick von außen. Sieht das gut aus? Greifen alle deine Teile stimmig ineinander? Ergeben sie ein Gesamtbild, das passt? Auch für dieses gute Gefühl der Glaubwürdigkeit haben wir ein Wort: Authentizität. Sie spielt von Anfang an eine Rolle in der Entwicklung. Ganz besonders kommt sie jedoch zur Geltung, wenn du dich von außen betrachtest. Authentizität hat nicht **das eine** Bild. Sie kommt auch nicht automatisch, sondern nur, wenn du dich darauf einlässt und dich annimmst. Es passiert dann allerdings automatisch, dass dich auch alle anderen als authentisch empfinden. In der Natur ist alles auf seine Weise authentisch. Aber: Vorsicht, Falle! Werfen wir noch einen Blick auf deine Authentizität.

Es ist ein sperriges Wort, schwierig auszusprechen und auch geheimnisvoll. So sehr, dass viele selbst bei regelmäßigem Gebrauch nicht sicher sind, nach welchem »t« das »h« eingefügt werden muss. Dennoch ist man sich auf breiter Front einig: Um zu überzeugen, müssen wir authentisch sein. Also irgendwie »echt«. Aber wie passiert das genau? Sind wir nicht seit unserer Geburt authentisch? Ist nicht jeder von uns ein Original und damit ohne jeden Zweifel echt? Das Prädikat »Original« ist im Zusammenhang mit Menschen nicht immer schmeichelhaft.

So beschrieb das Brockhaus Bilder-Conversations-Lexikon menschliche Originale bereits 1837 folgendermaßen: »Auch Menschen werden

Originale genannt, wenn sie sich durch Originalität ihrer Denkungsart oder ihres Benehmens auf eigenthümliche und auffallende Weise vom Gewöhnlichen entfernen; dies kann jedoch ebenso gut durch Seltsamkeit und Thorheit, wie durch edle und vortreffliche Eigenschaften geschehen.«[12]

Wie viele Menschen nennst du Originale? Auffallen wird sicherlich jeder Einzelne von ihnen. Aber ist es das, was du dir wünschst, oder sollten authentische Menschen und Originale etwa doch zwei ganz verschiedene Typen darstellen? Was zeichnet Menschen aus, die du als authentisch beschreiben würdest?

Gehen wir noch einen Schritt weiter und schauen uns authentische Marken an. Was verbindest du mit ihnen? Die Antwort hierauf fällt mir persönlich übrigens deutlich leichter als die hinsichtlich Menschen: Eine authentische Marke gibt mir genau das, was sie verspricht. Du siehst, was du bekommst. Kurzum: Eine solche Marke verkauft sich in der Außendarstellung nicht anders, als sie hinter der Fassade ist.

Hast du Lust auf ein weiteres sperriges Wort in diesem Zusammenhang? Das sogenannte Markennutzenversprechen weckt Erwartungen bei uns potenziellen Kunden. Marken versprechen uns im andauernden Werbe-Tamtam allerlei Eigenschaften ihrer Produkte: Beschaffenheit, Wirkung, Größe, Gewicht, Geschmack, Geruch ... Die Liste ließe sich schier endlos fortsetzen. Sobald wir dann das ersehnte Produkt live und in Farbe vor uns haben, sehen wir, ob all jene Versprechen wahr sind oder eben nicht. Und was passiert, wenn alles gelogen war? Wir sind enttäuscht und wenden uns womöglich ab. Was aber passiert, wenn alle Versprechungen tatsächlich zutreffen oder, noch besser, sogar übertroffen werden? In diesem Moment werden Kunden nicht selten zu Fans.

Was heißt das nun übertragen auf uns Menschen? Bist du authentisch, dann spielst du deiner Umwelt nichts vor. Du bist, wie du bist. Stärken hast du, ebenso auch Schwächen. Und du kennst sie. Für mich bringt das ganz automatisch mit sich, dass du es nicht nötig hast, eine Maske zu tragen. Du wirst ziemlich sicher durch die Arbeit mit und an deiner Stimme in den ganzen Kapiteln schon bemerkt haben, wie intensiv du dich mitunter in Bezug auf deine Stimme maskiert hast. Nicht, dass du es nötig hättest. Du hast Überzeugungen und auch Werte, nach denen du handelst.

Dein Gegenüber muss nicht zwangsläufig mit allem einverstanden sein, was du tust. Doch das hindert dich nicht daran, trotzdem zu dir selbst zu stehen, auch wenn du damit die eine oder andere negative Rückmeldung riskierst. Gerade deswegen zollt man dir Respekt. Denn du stehst für deine Werte ein. Bei dir sehen die Menschen, was sie bekommen.

Du siehst: Um andere für dich einzunehmen und sogar auch täuschen zu können, führt kein Weg an Authentizität vorbei. Was genau bedeutet aber stimmliche Authentizität? Lernst du nicht dein Leben lang hinzu und veränderst dich fortlaufend? Es passiert von den ersten Lauten als Baby über die stetige Entwicklung der Kinderstimme mit wachsender Ausdrucksfähigkeit. Dann folgen irgendwann Stimmbruch und Pubertät, in der sich die Art zu sprechen bei den meisten Menschen nochmals drastisch verändert. Ergänzt wird dies durch das Erlernen eines Dialekts oder auch die Vermeidung desselben. Eine ganz schöne Reise legst du da lebenslang zurück.

Darfst du bei so viel Veränderung überhaupt jemals behaupten, du seist authentisch und original? Ab dem Zeitpunkt deiner Geburt erhältst du Lektion um Lektion: Tu dies, tu das nicht. Verhalte dich so und nicht so. Sprich lauter, sprich leiser, sprich überhaupt nicht. Wenn ich mir überlege, wie ich mein gesamtes Leben lang geformt wurde und auch weiterhin werde, dann stoße ich früher oder später unweigerlich auf den alten Spruch: »Alle Menschen werden als Originale geboren, aber die meisten sterben als Kopien.«[13]

Zu groß scheint die Einflussnahme unserer Umwelt auf die eigene Entwicklung, zu stark wirken die so herbeigeführten andauernden Anpassungen und Veränderungen. Und dennoch willst du dir stets treu bleiben. Daraus abgeleitet ergibt sich eine spannende Frage: Kann eine professionell ausgebildete Stimme authentisch sein? Und ist eine solche im Umkehrschluss überhaupt stets authentisch? Im Grunde gelten für deine Stimme dieselben Regeln wie für große Marken: Am Anfang sollte immer die Frage stehen, wie genau du dich präsentieren willst. Diese hast du dir ausgiebig gestellt und mittlerweile deinen Weg gefunden.

Für mich ist die Marke Seitenbacher eines der eindrucksvollsten Beispiele authentischer Positionierung durch die eigene Stimme. Oha ... höre ich da ein angestrengtes Schnauben von dir? Die Legende besagt, dass Willi Pfannenschwarz, der Kopf des Müsliherstellers, als technikbegeisterter Rockmusiker schon früh ein eigenes Tonstudio im Keller einrichtete. Dort begann er eines Tages auch, die Werbung für seine Marke zu produzieren. Von der Idee über die Sprache bis hin zu den fertigen Funkspots: Bei Seitenbacher sollte das Chefsache sein.[14] Das Problem: Genauso hausgebacken klangen die Spots auch. Das Unglaubliche: Genau deshalb ist er so authentisch. Denn die Botschaft ist eindeutig. Hier steht der Chef selbst für sein Unternehmen ein. Hausmacherkost gibt es bei Seitenbacher auch für die Ohren.

Wurden seine ersten Gehversuche eher noch verlacht, so hat er sich mittlerweile längst, nach etlichen Hundert produzierten Spots, einen festen Platz unter den bekanntesten deutschsprachigen Marken erarbeitet. Seitenbacher kennt heutzutage jeder, übrigens nicht nur in Deutschland, sondern weit darüber hinaus. Genau dafür feiere ich ihn. »Manchmal bin ich selbst erstaunt, dass ich es geschafft habe, dass jeder Seitenbacher kennt, und auch ein bisschen stolz.«[15] So wird er auf der Homepage seiner Marke zitiert.

An seiner Sprechtechnik hat er meines Erachtens nie intensiv gearbeitet. Aber er hatte von Anfang an etwas zu sagen und hat es auch weiterhin. Ich unterstelle ihm ein absolut überzeugendes Sprechermindset. Offenbar glaubt er an das, was er da erzählt, und er fühlt es auch. Nun will ich Herrn Pfannenschwarz nicht über den grünen Klee loben: Ich habe keinerlei geschäftliche Beziehung zu seinem Unternehmen und kenne ihn noch nicht einmal persönlich. Aber wann immer es um stimmliche Authentizität geht, komme ich nicht umhin, ihn zu erwähnen.

Heißt das nun für dich, dass du deinen Heimatdialekt auspacken und dem Müslivorbild nacheifern sollst? Ganz so einfach ist die Sache nicht. Was für den Müsliproduzenten funktioniert, ist nicht automatisch auf deine Situation übertragbar. Doch ist diese Geschichte der beste Beweis dafür, wie ausschlaggebend die richtige Einstellung ist und wie unwichtig technische Perfektion.

Viele Hundert Werbekunden standen im Laufe all meiner Sprecherjahre immer wieder vor der Frage, ob sie nun mich als Profi ihre Werbebotschaften sprechen lassen oder sich selbst bzw. Mitarbeiter dafür einsetzen. Selbstverständlich habe ich ein gewisses Eigeninteresse, die Jobs für meine Stimme zu erhalten. Aber was bringt es mir, meine Kunden auf Teufel komm raus zu überreden? Ich berate lieber offen und ehrlich und sorge für ein zufriedenes Lächeln bei den Kunden.

Natürlich lebe ich von meiner Kunst, aber auch wenn ich den einen oder anderen Job nicht erhalte, setzen mich die Unternehmen ja trotzdem weiterhin ein. Das habe ich in all den Jahren immer wieder erfahren dürfen. Ebenso lehrte mich die Erfahrung, dass es bei mancher Botschaft weniger auf den Inhalt, sondern vielmehr auf den Botschafter oder die Botschafterin ankommt.

Nehmen wir einen mittelständischen Handwerksbetrieb in einer ländlichen Gegend. Wenigstens in meiner schwäbischen Wahlheimat ist allein durch die geografische Lage gewährleistet, dass niemand in der Belegschaft reines Hochdeutsch spricht. So weit, so gut. Der Betrieb wächst und man sucht neue Leute, plant entsprechend einen Recruiting-Spot, also eben einen kleinen Film bzw. eine kurze Hörszene, die die Wunschmitarbeiter auf das Unternehmen aufmerksam machen soll. Damit haben die Planer nun im Grunde zwei Möglichkeiten: Entweder produzieren sie einen Spot, der den Betrieb bei der alltäglichen Arbeit zeigt, strahlende Gesichter, motivierende Musik drunter und dazu spricht (m) eine professionell ausgebildete Stimme. Oder die Mitglieder der Belegschaft stehen selbst vor der Kamera und sagen, warum sie gern für das Unternehmen arbeiten. Beides ist möglich und ich will an dieser Stelle auch gar nicht werten. Wie gesagt, es kommt letztlich immer nur darauf an, welche Botschaft ausgesendet werden soll. Nahbarer erscheint auf den ersten Blick die zweite Möglichkeit.

Das Problem liegt meist an anderer Stelle: die Beweggründe der Verantwortlichen für die Entscheidung. Tatsächlich beobachte ich schon seit Jahren einen Trend in Richtung der persönlichen Spots, in denen echte Menschen zu Wort kommen. Aber gleichzeitig höre ich als Argument dafür auch, dass man Kosten sparen wolle. Ein Film sei eben doch nicht ganz billig und daher habe man lieber vom Profisprecher abgesehen und die Festangestellten verpflichtet. Das sei schließlich auch authentischer.

Es ist eine schwierige Nummer, finde ich. Denn gefühlte Authentizität ist meist etwas völlig anderes als dargestellte. Mit dem Zusatz »so war der Plan« höre ich das dann mit einiger Regelmäßigkeit, sobald wir ein paar Tage später im Studio sitzen, wo ich die »authentischen Szenen« nachsynchronisieren darf. Erinnere dich an den Moderator, dessen authentische Darbietung so grauenhaft war, dass ich sie neu einsprechen durfte. Doch muss es nicht immer nur eine Frage des Geldes sein. Ab und an setzen wir uns aus purer Begeisterung Dinge in den Kopf, die wir umsetzen wollen – nur um dann später zu merken, dass Vision und Realität nicht vereinbar sind. Oftmals war es auch einfach nur der nachträgliche Entschluss der Produktionsverantwortlichen, die gnadenlose Naturgewalt mundartlichen Personals durch eine professionelle Stimme wie meine zu ersetzen. Ging in dem Fall also doch Technik vor vermeintlicher Authentizität?

Für mich stellen sich diese Fälle mittlerweile so dar: Der Trugschluss, dem viele meiner Auftraggeber wohl immer wieder aufsaßen, bestand darin, dass sie, ganz ungeachtet ihres Sparwillens, tagtäglich die Belegschaft in Gesprächen erlebten und sich am natürlichen Umgang der Menschen miteinander erfreuten. Gegen den Wunsch, gelebte Unternehmenskultur von den Beteiligten selbst nach außen zu tragen und so weiteres Top-Personal zu finden, ist ja erst mal nichts einzuwenden. Denn was könnte überzeugender wirken als echte Menschen, die von ihrem tollen Arbeitsplatz erzählen? Gegenüber einem Profisprecher, der zwar klares Hochdeutsch beherrscht, dafür aber eben auch Geld verlangt, scheint das doch äußerst verlockend.

Nur fällt die Entscheidung gegen einen Profisprecher dann meist unter der Voraussetzung, dass die Belegschaft aber bitte dieselben Stilmittel einsetzen soll wie ein Profi. Denn das ist es ja, was wir tagtäglich über alle Kanäle zu hören bekommen. Es wird nicht in Betracht gezogen, dass hinter den Profistimmen eine Menge Arbeit und Einstellung steht. Allerdings haben in den meisten Fällen keine der ausgewählten Belegschaftssprecher auch nur annähernd Erfahrungen vor der Kamera oder hinter dem Mikro, dafür aber eine große Portion Angst vor Sichtbarkeit. Und dann geht das eben schief. Woher sollen sie es auch können? Ich maße mir auch nicht an, einen Text über den Aufbau von elektrischen

Schaltplänen zu sprechen und diese augenblicklich selbst in ähnlicher Virtuosität umsetzen zu können wie ein altgedienter Elektriker. Nur bei Sprache, so die weitverbreitete Meinung, soll das funktionieren. Schließlich unterhalte man sich doch sonst auch so natürlich und ungezwungen. Aber das sind eben zwei Paar Schuhe.

Um authentisch zu sein, musst du lernen, zu dir zu stehen und dich selbst zu verkaufen – nicht irgendeine verklärte Wunschvorstellung. Die hast du ja bereits als Ziel definiert, und das ist auch gut so. Für deine Authentizität ist es unabdingbar, nicht deinen Plan für einen späteren Zeitpunkt zu verkaufen, sondern eben dich selbst, wie du in diesem Moment bist. Steh zu dir. Jede Entwicklung in die gewünschte Richtung ist gut. Aber du bist stets, wie du bist, oder solltest es zumindest sein. Der einzige Mensch, der verhindern kann, dich weiterzuentwickeln, bist du. Daher arbeitest du ja auch an dir und stehst dir eben nicht selbst im Weg.

Für deinen Weg wünsche ich dir von Herzen alles Gute. Ich danke dir, dass du mein Buch bis zum Ende gelesen hast. Und ich wünsche dir auch weiterhin viel Spaß mit meinem Videokurs, zu dem du hierüber ja Zugang erhältst. Jener Eindruck, den du durch deine Sprache erzielst, dein Vocal Impact, steht und fällt mit deiner inneren Einstellung, nicht nur, aber auch zu deiner Stimme. Doch dir sollte eines ganz klar vor Augen stehen: Damit du ein Ergebnis von 100 Prozent erzielst, brauchst du 20 Prozent Stimme und 80 Prozent Einstellung. Das gute alte Pareto-Prinzip kommt meiner Erfahrung nach auch hier voll zur Geltung. Laufe nicht falschen Vorbildern und vor allem nicht anderen Meinungen hinterher. Du hast deinen eigenen, individuellen Klang. Deine Stimme ist ein Instrument. Und dessen Wirkung hängt einzig davon ab, wie du es spielst. Hör dir weiterhin zu und lerne, deine Stimme wertfrei zu betrachten. Es ist dein Weg und deine Botschaft. Lass von dir hören.

Über den Autor

Helge Sidow wurde 1976 in Pforzheim geboren und lebt heute in Leonberg. Schon früh zeigte sich bei ihm eine ausgeprägte Leidenschaft für Sprache: Er lernte bereits mit vier Jahren das Lesen und brachte es seinen Altersgenossen im Kindergarten bei.

Im Alter von 15 Jahren fasste er den Entschluss, Schauspieler zu werden und suchte sich erste Mentoren. Beim Schauspieler-Ehepaar Heidrun und Kurt Müller-Graf in Karlsruhe lernte er Atem- und Sprechtechnik. Durch sie erhielt er kurz nach Beginn seiner Ausbildung erste Engagements im Radio (Werbung: Welle Fidelitas, Hörspiel: SDR).

Ende 1992 gab er sein Debüt auf der Profibühne im Karlsruher Sandkorn-Theater. Weitere Engagements folgten. 1994 brach er seine Schulausbildung nach der 11. Klasse ab und wechselte hauptberuflich zum Theater. Bis Ende 2000 arbeitete Helge Sidow am Sandkorn-Theater als Schauspieler, Regieassistent und zuletzt auch als Regisseur. Zahlreiche Gastspielreisen mit dem Ensemble führten ihn u. a. in die Türkei sowie nach Estland und Südkorea. Gast-Engagements am Kammertheater (Schauspiel) und am Badischen Staatstheater Karlsruhe (Regieassistenz) rundeten seine Bühnenerfahrung ab. Seit 1993 stand Helge Sidow auch regelmäßig für Produktionen des SWF (später SWR) vor der Kamera. So hatte er kleinere Sprechrollen im »Tatort« und bei »Die Fallers«.

Durch sein wachsendes Engagement beim privaten Rundfunksender Welle Fidelitas übernahm er dort gegen Ende der 90er-Jahre auch redaktionelle Tätigkeiten als freier Mitarbeiter und moderierte regelmäßig Frühsendungen am Wochenende. Für ein Volontariat, das er im Rahmen seiner Ausbildung als Redakteur beim Fernsehsender BTV durchlief, verließ er das Theater. Während dieser Zeit erkannten und förderten seine Chefredakteure neben seinen sprachlichen Fähigkeiten auch sein Schreibtalent. In der Folge setzten sie ihn bevorzugt für Boulevard-Themen, insbesondere Interviews mit prominenten Gästen, und für verschiedene Crime-Themen ein.

Nach Abschluss seiner Ausbildung machte er sich 2003 als Sprecher selbstständig und baute sich ein eigenes Tonstudio auf. Im darauffolgenden Jahr sprach ihm die US-Regierung das Recht zu, eine sogenannte Greencard beantragen zu dürfen. Dadurch bereiste er in den Folgejahren bis 2006 intensiv die Ostküste der Vereinigten Staaten, entschied sich dann jedoch, weiterhin deutscher Staatsbürger zu bleiben und seine sprecherische Tätigkeit im deutschen Markt weiter aufzubauen. Seit 2008 gehört er dem Sprecherteam des SWR an und leiht seine Stimme regelmäßig etlichen Sendereihen und Dokumentationen. Bis 2018 war er auch als Nachrichtensprecher für die Sender SWR1, SWR4 und SWR TV tätig.

Neben seiner aktiven sprecherischen Tätigkeit unterrichtete er seit Beginn seiner Selbstständigkeit immer wieder Schauspieler, Redakteure und Unternehmer im Sprechen und startete 2022 sein Coaching-Programm »Vocal Impact«. Seit 2022 ist er außerdem Dozent an der Dualen Hochschule Baden-Württemberg (DHBW) für den Kurs »Crossmediale Produktion«. Im Herbst 2024 startet Helge Sidow sein Online-Programm.

Quellenverzeichnis

1 Golfsportmagazin (2023): Die besten Golfzitate & Golfsprüche, Landwehr, Gregor, https://www.golfsportmagazin.de/golfgeschichten/golfzitate/, abgerufen am 26.06.2024

2 Stern, Julia et al. (2021): Do voices carry valid information about a speaker's personality, Journal of Research in Personality, https://www.sciencedirect.com/science/article/abs/pii/S0092656621000295?via%3Dihub, abgerufen am 26.06.2024

3 Journal of Research in Personality (1977): Mehrabian, Albert / Russell, James A. (1977): Evidence for a Three-Factor Theory of Emotions, https://www.researchgate.net/publication/222741832_Evidence_for_a_Three-Factor_Theory_of_Emotions, abgerufen am 26.06.2024

4 Konrad-Adenauer-Stiftung: GESCHICHTE DER CDU, https://www.kas.de/de/web/geschichte-der-cdu/personen/biogramm-detail/-/content/rainer-barzel-v1, abgerufen am 26.06.2024

5 Wikipedia: The Hank McCune Show, https://de.wikipedia.org/wiki/The_Hank_McCune_Show, abgerufen am 26.06.2024

6 https://www.der-postillon.com/

7 Slika: kroatisch für Bild, Fotografie, Porträt. Name einer Medienproduktionsgesellschaft. Eigentlich heißen die beiden Simon und Lukas Schweizer.

[8] Academy of Management (2023): Flynn, Francis J. / Lide, Chelsea R. (2023): Communication Miscalibration: The Price Leaders Pay for Not Sharing Enough, https://journals.aom.org/doi/abs/10.5465/amj.2021.0245, abgerufen am 26.06.2024

[9] Konrad-Adenauer-Stiftung: GESCHICHTE DER CDU, https://www.kas.de/de/web/geschichte-der-cdu/personen/biogramm-detail/-/content/rainer-barzel-v1, abgerufen am 26.06.2024

[10] Aphorismen (2013): Aphorismus zum Thema Schlagfertigkeit, https://www.aphorismen.de/zitat/198428, abgerufen am 26.06.2024

[11] Wikipedia: Mark Ravenhill, https://de.wikipedia.org/wiki/Mark_Ravenhill, abgerufen am 26.06.2024

[12] Brockhaus Bilder-Conversations-Lexikon (1837): Original, Band 3, F. A. Brockhaus, Leipzig, S. 351

[13] Aphorismen (2021): Aphorismus zum Thema Kopie, https://www.aphorismen.de/zitat/51669, abgerufen am 26.06.2024

[14] Seitenbacher Vertriebs-GmbH (2018): Unsere Geschichte, https://www.seitenbacher.de/%C3%BCber-uns, abgerufen am 26.06.2024

[15] Seitenbacher Vertriebs-GmbH (2018): Unsere Geschichte, https://www.seitenbacher.de/%C3%BCber-uns, abgerufen am 26.06.2024

Du möchtest mit **deinem** Buch zuverlässig **neue Kunden gewinnen** ...

... und dabei deutlich weniger pro Neukunde zahlen?

Dann erfahre, wie Experten mit Ratgebern & Sachbüchern planbar und zuverlässig neue Kunden generieren.

Auf unserer Website enthüllen wir die geheime Strategie hinter Personenmarken, die mit ihrem Buch zuverlässig neue Kunden gewinnen und gleichzeitig auf die Bestsellerlisten kommen.

autoren.remote-verlag.de/video/opt-in/karriereturbo